Das Ultimative Leben

Jim Stovall

Titel der amerikanischen Originalausgabe:

The Ultimate Life
© 2007 by Jim Stovall
Cook Communications Ministries
4050 Lee Vance View
Colorado Springs, Colorado 80918 U.S.A.

ISBN 978-1-4347-9990-6

Übersetzung aus dem Englischen: Yvonne Pilsl
Druck: Rosenthaler Druck, Freyung

Copyright der deutschen Ausgabe bei:
Pilsl OHG - Medien
Herrnfeldstraße 15
D-84036 Landshut-Kumhausen
www.ultimative-medien.de

1. Auflage, März 2010

ISBN 978-3-941581-01-2

Einleitung

Ich danke Ihnen ganz herzlich, dass Sie in dieses Buch investiert haben und in die Botschaft, die diese Seiten enthalten. Zeit ist ein wertvolles Gut. Und ich bin dankbar dafür, dass Menschen bereit dazu sind, etwas von ihrer Zeit in mein Buch zu investieren.

Einige von Ihnen beginnen die Reise mit mir und den Charakteren zum ersten Mal. Andere haben diese Reise bereits mit dem Buch *Das Ultimative Geschenk* oder dem Film begonnen. Egal wie – ich bin froh, dass Sie dabei sind!

Wenn Sie die letzte Seite dieses Buches gelesen habe, werden Sie sicherlich nicht mehr derselbe sein. Denn obwohl auf den nächsten Seiten die Geschichte von Personen erzählt wird, ist die Botschaft für uns alle. Hier geht es nicht um eine Reise für die paar Stunden, die Sie zum Lesen brauchen. Es ist eine Reise für den Rest Ihres Lebens. Wenn Sie mit dem Buch fertig sind, hat Ihre Reise gerade erst begonnen.

Und bitte denken Sie auf Ihrer Reise zum *ultimativen Leben* daran, diese Inhalte und Ihr Erlebnis mit so vielen Menschen wie möglich zu teilen. Ich würde mich freuen, wenn Sie mir schreiben und davon berichten, wie ein Kapitel dieses Buches Ihr Leben oder das Leben einer anderen Person verändert hat. Ihre Worte sind ermutigend für mich.

Dankeschön!

Jim Stovall

Jim@JimStovall.com

WIDMUNG

—◦•◦—

Dieses Buch ist – wie immer – Crystal gewidmet, die immer noch die beste Schriftstellerin in meinem Haus ist.

Ebenso widme ich es Dorothy Thompson, ohne sie würde dieses Buch nicht existieren.

Und meinem kompetenten Team, das mich immer im besten Licht dastehen lässt.

Und ich widme es allen meinen Freunden und Partnern von *The Ultimate Gift Experience* und des Filmes *Das Ultimative Geschenk*, weil sie immer an mich und an die Botschaft von *Das Ultimative Leben* glaubten.

INHALTSVERZEICHNIS

KAPITEL I   *Das Leben beginnt heute*   11

KAPITEL II   *Das Leben ist sowohl Reise als auch Ziel*   23

KAPITEL III   *Das Leben der Arbeit*   37

KAPITEL IV   *Das Leben des Geldes*   53

KAPITEL V   *Das Leben der Freundschaft*   71

KAPITEL VI   *Das Leben des Lernens*   87

KAPITEL VII   *Das Leben der Probleme*   105

KAPITEL VIII   *Das Leben der Familie*   117

KAPITEL IX   *Das Leben des Lachens*   129

KAPITEL X   *Das Leben der Träume*   141

KAPITEL XI   *Das Leben des Gebens*   151

KAPITEL XII   *Das Leben der Dankbarkeit*   163

KAPITEL XIII   *Das Leben eines Tages*   175

KAPITEL XIV   *Das Leben der Liebe*   185

KAPITEL XV   *Das ultimative Leben*   195

Über den Autor   203

KAPITEL I

Das Leben beginnt heute

In diesem Leben kann ein ganz durchschnittlicher Tag eine ganz außergewöhnliche Wendung nehmen; deshalb sollte man jeden Tag schätzen und als wertvolles Geschenk betrachten.

Schon mehr als vier Jahrzehnte betrachtete ich nun das Schauspiel des Lebens aus meinem einzigartigen Blickwinkel heraus. Dadurch habe ich das Allerbeste und Allerschlechteste, was die Menschheit zu bieten hat, sorgfältig beobachten dürfen. Und jener Morgen begann wie jeder andere. Weder rechnete ich damit noch stellte ich mir vor, dass dieser anbrechende Tag mein Leben und das vieler anderer für immer verändern würde.

Bei Sonnenaufgang saß ich, wie ich es fast immer tue, an meinem kunstvollen, alten, riesigen Schreibtisch. All diese vielen Jahre habe ich diesem altmodischen und übertriebenen Ding erlaubt zu bleiben, weil viele Menschen, die sich mit Antiquitäten auskennen, meinten, dass er zu meinem Status passen würde und ein Symbol für mein Leben sei. Doch wenn auch der Tisch nur ein Statussymbol für meine Kollegen und meine Position ist, so ist mein Sessel reine Genusssucht. Er ist eine handgefertigte Lederkreation, die sich im Laufe der Jahre gedehnt und einzig und allein meiner Körperform angepasst hat.

Oft habe ich gehört, dass mich die Leute unter anderem als imposant und überwältigend bezeichneten. Wenn das wahr ist, ist dies zweifellos ein klarer Vorteil in meinem erwählten Beruf. Wie auch immer, mein legendärer Ledersessel stellt sogar mich in den Schatten.

Ich versuchte, meine zweite Tasse Kaffee zeitgleich mit dem Schlag der Uhr zu beenden. Denn die historische Uhr meines Großvaters würde jedem entlang des Korridors ankündigen, dass der Tag nun begann. Als die majestätische Uhr zehnmal zu schlagen begann, erhob ich mich aus meiner komfortablen Sitzposition, schritt um den kolossalen Tisch und ging auf die mächtige Tür aus Mahagoni zu.

„Erheben Sie sich."

Oft schon hatte ich diese gewohnten, feierlich betonten Worte gehört, die jeden Arbeitstag einläuteten.

„Die Gerichtsverhandlung ist eröffnet. Den Vorsitz hat der ehrenwerte Richter Stanford A. Davis."

Ich trat durch die Mahagonitür, nahm die drei Stufen, die sich hinter der Richterbank erhoben, und nahm auf meinem angemessenen, aber deutlich weniger komfortablen Richterstuhl Platz. Ich ließ meine Blicke etwas länger als notwendig über die Anwesenden wandern und verkündete dann: „Bitte setzen Sie sich."

Durch all die Jahre Erfahrung konnte ich die Wichtigkeit eines Prozesses daran voraussehen, wie viele Beteiligte, Beobachter und Vertreter der öffentlichen Medien in meinem Gerichtssaal anwesend waren. Wenn auch nicht 100%ig, so hat sich dieser Maßstab in Tausenden Prozessen bewährt. Sollte es auch für diesen Tag zutreffen, so hatte ich noch nie zuvor einen annähernden Prozess geführt.

Jeder Fall ist einzigartig, weil die Menschen, Situationen und die Gesetze sehr unterschiedlich sind. Das Gesetz ist, wenn ein gerechtes Urteil gefällt wird, eine Mischung aus Wissenschaft und Kunst. Ein Richter muss auf der einen Seite wissenschaftlich genug sein, um die relevanten, repetierenden Möglichkeiten der Rechtsprechung zu kennen und wie sie sich auf jede Situation auswirken. Auf der anderen Seite sollte er künstlerisch genug sein, um sich in die Gedanken und Absichten derer hineinzuversetzen, die unseren Gesetzen Form und Spielraum gegeben haben. Denn nur so kann er ihre Absicht und ihre erhabenen Ideale richtig auf die modernen und aktuellen Umstände anwenden.

Ich wusste – genauso wie jeder Anwesende und jeder in der zivilisierten Welt –, dass es an der Zeit war, einen Prozess um das Erbe von Red Stevens zu führen. Und obwohl wir das alle wussten, starrte ich auf die vor mir liegenden Dokumente, bis im Gerichtssaal Totenstille herrschte. Ich klopfte mit dem Gerichtshammer, nickte dem Gerichtsdiener zu und wandte mich an den Gerichtsschreiber.

„Belang der heutigen Gerichtsverhandlung ist das Erbe, über das durch den letzten Willen und das Testament von Howard ‚Red' Stevens verfügt wurde."

Die Finger des Gerichtsschreibers flogen über die Tasten, so wie sie es schon viele Jahre in diesem Raum getan hatten. Ich hielt ehrfürchtig inne und ließ meine Blicke über die Anwälte und

Prozessierenden auf beiden Seiten des Ganges streifen, der meinen majestätischen Gerichtssaal teilte.

Schon an meinem ersten Tag wusste ich theoretisch – und heute aus praktischer Erfahrung –, dass eine der Hauptaufgaben eines amtierenden Richters folgende ist: in der Erscheinung, Ausführung und Handlung *gerecht* sein. Als ich erstmals auf diese Bank berufen wurde, zählte ich zu den Jüngsten, die jemals in dieser Position waren.

Ich erinnere mich noch daran, wie ich zu meiner geliebten Frau Marie sagte, dass es jeden Tag einschüchternd war, den Gang hinunterzulaufen und an den Gemälden all der ernsten und weisen Richter vorbeizukommen, die mir vorangegangen waren. Als jugendlicher Neuling fühlte ich mich absolut unwürdig, in ihre Fußstapfen zu treten oder gar ihre Roben zu tragen. In den darauffolgenden mehr als 40 Jahren hat sie mir immer wieder diese Worte gesagt, als ich meine Bedenken über das unaufhaltsame Altern und die Sterblichkeit äußerte: „Du wirst nicht alt, du wirst einfach richterlich."

Ich bin mir stets bewusst, dass all der Pomp und alles, was diesen Gerichtssaal umgibt, nicht dazu da sind, mich zu erhöhen, sondern dem Respekt und Ehrfurcht zu zollen, was dieser Gerichtssaal, als Symbol unserer Gesetze, repräsentiert. Ich gebe sehr wenig darauf, was die Menschen von mir denken, wenn ich durch die Straßen gehe und ein unauffälliges Leben in unserer Stadt führe. Aber wenn ich hier auf dieser Bank sitze, in meine Robe gekleidet, werde ich zum Symbol für alles, was uns lieb ist.

Als solches verlange ich Respekt – nicht als Stan Davis, Ehemann, Freund und Nachbar, sondern als Richter Standford A. Davis, Symbol und Richter des Gesetzes.

Was könnte ich, oder irgendjemand sonst, über Red Stevens sagen, was nicht schon gesagt, geschrieben oder im Internet veröffentlicht worden ist? Red Stevens war einer dieser Menschen, die schon zu Lebzeiten eine Legende und nach ihrem Tod eine kulturelle Ikone wurden.

Gewöhnlich würde jeder Richter einen solchen Fall wegen Befangenheit ablehnen oder die Richterbank freigeben und einem anderen Richter überlassen, wenn er so vieles über diesen Fall gehört hätte und über die involvierten Personen wüsste wie ich. Glücklicherweise oder unglücklicherweise gab es wohl keinen Richter weit und breit, der nicht schon von Red Stevens, den Bedingungen und Umständen seines letzten Willens und diesen vor mir liegenden Fall gehört und sich seine Meinung gebildet hatte.

Red Stevens war ein höchst außergewöhnlicher Mensch, als Person, durch seinen Ruf und seine Taten. Er lebte sein Leben so sehr im Rampenlicht, dass es schwer fällt, Mythos und Legende von der Realität zu unterscheiden und er war schon so lange berühmt, dass sein Leben scheinbar mehrere Generationen geprägt hatte, vielleicht sogar einen Teil unserer Geschichte.

Red Stevens wurde, wie uns sowohl die Legende als auch die Geschichte berichten, in Zeiten der Ungewissheit und unglaublichen Armut im Sumpf von Louisiana geboren. Als junger Mann verließ er seine Heimat in Richtung Texas. Auf seiner Reise hatte er nur die Kleider, die er trug, einen felsenfest gefassten Entschluss und einen unbezwingbaren Geist voller Träume bei sich. In den folgenden mehr als 50 Jahren schuf Red Stevens ein Imperium in den Bereichen Viehzucht, Öl, Finanzen und Industrie, das alle anderen auf der Welt in den Schatten stellt.

Wenn Red Stevens etwas anpackte, dann machte er es richtig. Er war ein zielstrebiger, manchmal extrem hartnäckiger, Geschäftsmann. Er war ein großzügiger und mitfühlender Menschenfreund. Er war ein geschätzter Freund für viele und für einige ein gefürchteter Gegner. Er kannte nahezu alle Berühmtheiten und großen Geschäftsleute seiner Zeit. In vielerlei Hinsicht haben Red Stevens und eine Handvoll weitere Personen das 20. Jahrhundert geformt und vieles auf den Weg gebracht, was wir als das 21. Jahrhundert kennen.

Seine Leistungen sind legendär, aber er kannte auch die menschlichen Schwächen, die uns alle plagen. Red Stevens arbeitete extrem hart daran, seiner Familie alles zu geben, wonach sie sich sehnte. Und viel zu spät erst erkannte er, dass sie am allermeisten ihn selbst brauchte. Erst am Ende seines Lebens realisierte er mit Bedauern, dass er viel zu viel Zeit, Aufwand und Energie in Feierlichkeiten, Verhandlungen und Festmahle gesteckt hatte. Die Fußballspiele, Geburtstagsfeiern und Familientreffen kamen dabei leider zu kurz.

Diese Erkenntnis kam, als er bereits wusste, dass ihm nur mehr ein paar Tage – im besten Fall ein paar Wochen – bleiben würden. Als er sich dessen bewusst wurde, was er in seiner Familie angerichtet hatte, weil er ihnen immer nur Geld und nie seine Zeit geschenkt hatte, realisierte Red Stevens, dass es zu spät war, um seinen Kindern und den meisten seiner Enkel, falls nicht sogar allen, zu helfen. Aber in seinen letzten Tagen erkannte er einen kleinen Funken Hoffnung in den Augen seines jungen Enkels Jason Stevens.

Daraufhin dachte er sich einen Plan aus, den er insgeheim in seinem letzten Willen und Testament umsetzte. Nach seinem Tod zierte dieser bald alle Titelseiten und war Gesprächsthema in allen Teilen des Landes. Red überließ seine Ölquellen, Rinderfarmen und sein Finanzimperium seinen Kindern. Aber seinem Enkel Jason hinterließ er durch seinen letzten Willen ein Vermächtnis, das als das *ultimative Geschenk* bekannt wurde.

Das *ultimative Geschenk* war eine revolutionäre Idee und geradezu bahnbrechend im Bereich der Erbschaftsgesetze. Es war so einzigartig und besonders wie Red Stevens selbst. Das Vermächtnis von Red Stevens an seinen Enkel Jason beinhaltete eine zwölfmonatige Reise, durch die Jason sowohl dazu ermutigt als auch gezwungen wurde, Dinge wie das *Geschenk des Geldes*, das *Geschenk der Arbeit*, das *Geschenk der Freundschaft* und einige weitere Lektionen des Lebens zu lernen. Insgesamt gab es zwölf Geschenke, die zusammen Red Stevens' *ultimatives Geschenk* für seinen Enkel Jason umfassten.

Reds Testament verlangte von Jason, die wahren Lektionen des Lebens zu lernen, sowohl durch Reds per Kamera festgehaltenen Worte als auch durch bestimmte Aufgaben. Wenn Jason jede Aufgabe erfolgreich bestanden hatte, würde Jason auch das mysteriöse *ultimative Geschenk* empfangen, das Red Stevens in seinem Testament und seinen hinterlassenen Botschaften erwähnte. Jede Bildbotschaft gab Reds Gedanken und Erfahrungen bezüglich des individuellen Geschenks wieder; aber das Vermächtnis, das Reds *ultimatives Geschenk* ausmachte, wurde niemals bekannt gegeben.

Im Jahr nach Red Stevens' Tod absolvierte Jason – unter der Aufsicht und Anweisung von Reds langjährigem Freund und Anwalt Theodore J. Hamilton – alle zwölf Geschenke zu Hamiltons Zufriedenheit. Dadurch qualifizierte er sich, Red Stevens' Vermächtnis, das *ultimative Geschenk*, zu erhalten.

Jason Stevens erlebte in diesem Jahr persönliches Wachstum und Entwicklung. So wie eine wilde Blume aufblüht, wenn ein liebevoller Gärtner sich plötzlich ihrer annimmt. Als Jason die zwölfte Lektion, das *Geschenk der Liebe*, beendet hatte, ging er davon aus, dass die Lektionen selbst das *ultimative Geschenk* seien. Und obwohl dies sicherlich der größte Teil dessen war, was Red Stevens mit den zwölf Geschenken bezwecken wollte, bekam Jason – weil er alle Aufgaben erfüllt hatte – nahezu uneingeschränkte Kontrolle über einige Milliarden Dollar. Mit diesem Geld sollte Jason anderen Menschen dabei helfen, ihre eigene Version von Red Stevens' *ultimativem Geschenk* zu entdecken.

Dieses Samenkorn, das als Idee von Red Stevens begann, entwickelte sich zu einem Drama in allen Schlagzeilen der Welt und endete nun in meinem Gerichtssaal.

Auf einer Seite des Ganges saßen Red Stevens Kinder und Enkel, die gemeinsam ein Dream-Team an absolut professionellen und hoch gehandelten Anwälten zusammengestellt hatten, um Red Stevens' letzten Willen anzufechten und die Milliarden, zusätzlich zu ihrem bereits erhaltenen Erbe, unter sich aufzuteilen.

Auf der anderen Seite des Ganges saß Jason Stevens an der Seite eines offensichtlich unscheinbaren Anwalts, den ich, wenn ich nicht seinen Hintergrund studiert hätte, für viel zu jung und unerfahren gehalten hätte, um überhaupt einen Studienabschluss zu haben. Dieser Prozess sah wirklich aus wie eine Version von David und Goliath, bloß im Gerichtssaal.

Red Stevens' langjähriger Anwalt und Freund, Theodore J. Hamilton, hatte kurz nach der Ausführung von Red Stevens' letztem Willen und nachdem das *ultimative Geschenk* an Jason Stevens übergeben war, das Land für ein ausgedehntes Sabbatjahr verlassen. Man hörte von ihm, dass er gerade durch Indien und den Fernen Osten reiste, dort lernte und studierte. Bei seiner letzten Nachricht hielt er sich gerade in einem abgelegenen Dorf im Himalaja auf.

Das Team der Klägerseite hatte bereits erfolgreich alle legalen Manöver ausgereizt und Jason Stevens' Vermögen eingefroren. Deshalb saß Jasons einzig legale Verteidigungsmöglichkeit, verkörpert in dem jungen Jeffrey Watkins – dem Unscheinbaren –, vor mir. Wie meine Recherchen ergaben, hatte Jeffrey Watkins tatsächlich sein Studium auf einer relativ unbekannten Universität beendet. Und da dies offensichtlich sein erster Prozess sein würde, konnte man aus seiner bisherigen Laufbahn noch nicht absehen, welche Begabung oder Kompetenz hinter der Erscheinung mit den ungekämmten Haaren, der dicken Brille und dem von Akne gezeichneten Gesicht stecken würde.

Ich räusperte mich, machte eine Kunstpause und wandte mich dann der Seite der Kläger zu. „Sind die jeweiligen Parteien anwesend und vollständig versammelt?"

Ein makellos gestyltes Mitglied des Dream-Teams mittleren Alters erhob sich vor der Stevens-Sippe. Er gestikulierte übertrieben, verbeugte sich leicht und sprach:

„Euer Ehren, ich bin L. Myron Dumbly von der Kanzlei Dumbly, Cheetham und Leech. In der heutigen Angelegenheit vertrete ich die Rechte der Familie Stevens, die nach der Sachlage und dem Gesetz die rechtmäßigen Erben des Imperiums von Howard ‚Red' Stevens sind."

L. Myron Dumbly lächelte selbstgefällig, als er von Familie Stevens aus den hinteren Reihen Applaus erntete. Ich gebrauchte meinen Gerichtshammer und richtete mich auf. Über meinen Brillenrand hinweg blickte ich hinunter auf den Anwalt, der aussah, als ob er gerade einem Modemagazin entsprungen war.

Ich ordnete an: „Herr Dumbly, bitte weisen Sie Ihre Mandanten darauf hin, die Ordnung und Würde dieses Gerichts und dieses Prozesses einzuhalten. Das Gericht wird im Protokoll festhalten, dass Sie Herr Dumbly von der Kanzlei Dumbly, Cheetham und Leech sind und im Weiteren die Belange der Familie Stevens vertreten. Und wer oder wer nicht nach Sachlage des Gesetzes der rechtmäßige Erbe des Imperiums von Howard ‚Red' Stevens ist, ist Angelegenheit dieses Gerichts."

Ich atmete dreimal hörbar ein und aus und deutete dann mit meinem Gerichtshammer in Richtung L. Myron Dumbly, als ich nachforschte: „Haben wir uns verstanden?"

Dumbly erschien kleinlauter, als er murmelte: „Natürlich, Euer Ehren."

Ich legte meinen Gerichtshammer ab und fuhr fort.

„Herr Anwalt, Sie können sich Ihr Theater und Ihre Vermutungen für einen Unterhaltungsabend aufheben, aber in diesem Gerichtssaal handeln wir nach Sachlagen und dem Gesetz."

Dumbly nickte kurz und ließ sich auf den Stuhl hinter sich fallen. Ich denke, er wäre am liebsten unter dem Tisch verschwunden, hätte ihn der Stuhl nicht vorher gestoppt.

Ich wandte mich dann der anderen Seite des Ganges zu und hob forschend meine Augenbrauen: „Verteidiger, würden Sie uns bitte die Ehre erweisen und sich für das Protokoll vorstellen?"

Jeffrey Watkins erhob sich unsicher. Sein Anzug hatte die besten Tage schon hinter sich, vielleicht wurde er auch schon von jemand anderen getragen, denn er passte ihm nicht wirklich. Er lehnte sich an den Tisch vor ihm, und Schweißperlen standen auf seinem Haupt. Nach einigen Versuchen piepste er leise: „Euer Ehren, ich bin Jeffrey Watkins und übernehme die Verteidigung von Jason Stevens."

Sofort plumpste er auf seinen Stuhl zurück und sah aus, als ob er gerade einen Marathon überstanden hätte, nur weil er eine kurze Aussage vor dem Gericht gemacht hatte.

Ich betrachtete die überwältigende Unausgeglichenheit zwischen den Rechtsbeiständen. Dies setzte besonders mich unter Druck, denn ich wusste, dass dieser Prozess von großem öffentlichen Interesse sein würde und ein sehr komplizierter Fall, in dem eine unglaubliche Vermögensmasse auf dem Spiel stand. Doch dann drehte sich ganz plötzlich, in einem kleinen Augenblick, der Spieß um.

Beide Doppeltüren meines Gerichtssaals wurden gleichzeitig aufgestoßen, und ich griff sofort nach meinem Gerichtshammer, um meine beiden loyalen und langjährigen Gerichtsdiener, Jim und Paul, zu ermahnen. Eigentlich hätten sie wissen müssen, dass die Türen geschlossen bleiben, während im Gerichtssaal prozessiert wird.

Wie aus dem Nichts erschien ein tadellos gekleideter Gentleman, der fast majestätisch den Mittelgang des Gerichtssaals entlangschritt. Sein dunkles Gesicht strahlte förmlich vor Energie, und das Funkeln in seinen Augen war für alle Anwesenden sichtbar.

Als er sich zum Tisch auf der Seite der Verteidigung stellte, verkündigte er, was ich und alle anderen Gelehrten des Gesetzes schon wussten.

„Euer Ehren, ich bin Theodore J. Hamilton von der Kanzlei Hamilton, Hamilton und Hamilton. Ich übernehme die Verteidigung."

KAPITEL II

Das Leben ist sowohl Reise als auch Ziel

*Es gibt im Leben nichts Machtvolleres als eine Person,
die ihren Weg der Bestimmung tief im Herzen erkannt hat
und willig ist, ihm zu folgen.*

Das Erstaunen über den großen Auftritt Hamiltons brachte Bewegung in den gesamten Gerichtssaal. Als ich mit meinem Gerichtshammer klopfte, konnte ich Jason Stevens aufgeregt hören: „Herr Hamilton, ich konnte Sie nicht erreichen. Ich dachte, Sie seien verschollen."

Hamilton lächelte weise. „Junger Mann, es gibt einen kleinen Unterschied zwischen verschollen sein und dem einfachen Wunsch, nicht erreichbar zu sein."

Noch bevor im Gericht die Ordnung wiederhergestellt war, sprang L. Myron Dumbly auf. „Euer Ehren, ich erhebe äußerst energisch Einspruch. Dieser theatralische, respektlose Auftritt des Anwalts der Gegenpartei ist unangebracht."

Theodore J. Hamilton erhob sich langsam, als es leise im Saal wurde. Er wandte sich an mich, aber blickte auf die andere Seite des Ganges zu Dumbly, als ob er einen fremden, klebenden Gegenstand auf seiner Schuhsohle mustern würde.

„Euer Ehren, es war nicht meine Absicht, die Gegenpartei schon durch mein einfaches Eintreten zu verärgern, einzuschüchtern oder zu beunruhigen."

Herr Dumbly errötete sichtlich und erhob seine ärgerliche Stimme: „Euer Ehren, ich erhebe vehement Einspruch."

Ich klopfte heftig mit meinem Gerichtshammer, blickte beide Anwälte ernst an und winkte sie zu mir. „Die Anwälte bitte zum Richterstuhl."

L. Myron Dumbly zögerte kurz und näherte sich dann dem bedrohlich erhöhten Richterstuhl, als ob er ein Drittklässler wäre, der sich gerade darauf vorbereitet zu erklären, wie der Hund seine Hausaufgaben zerfetzt hatte. Hamilton nickte und steuerte selbstsicher auf eine Stelle im Marmorboden zu, direkt vor mir. Er sah erwartungsvoll auf.

Natürlich kannte ich Theodore J. Hamilton, und er wusste, dass ich ihn kannte. Hamilton war nicht weniger als eine Legende. Als ich auf der Universität war und später beim alten Richter Eldridge Handlungsgehilfe, hörte ich eine gerichtliche Heldentat nach der anderen über den einzigartigen Theodore J. Hamilton. Er war schon öfter vor meinem Gericht erschienen – immer ein großartiger Fachmann. Er war eindrucksvoll und einschüchternd, hatte aber die selbstsichere Ausstrahlung einer Person, die wusste, dass sie nichts mehr beweisen musste.

Theodore J. Hamilton war wie der beliebteste Star der Bundesliga. Obwohl der Schiedsrichter immer versuchen würde, fair zu sein, fällt es schwer, dem Gegner den Ball zuzusprechen. Ich schaute auf beide Anwälte herunter.

„Gentlemen, wir haben viel Arbeit vor uns. Ich glaube, wenn wir uns gedanklich immer zuerst an die gerichtlichen Belange halten und alle persönlichen Meinungsverschiedenheiten zur Seite legen, ist uns allen am besten gedient."

L. Myron Dumbly machte den Fehler, obwohl ich hoffte, dass er diesen vermeiden würde. Er sprach.

„Euer Ehren, Herr Hamilton denkt offensichtlich, dass die Regeln des Gesetzes und dieses Gerichts nicht auf ihn zutreffen. Wir alle erhielten die Einladung zu dieser Anhörung, die auf heute, mit pünktlichem Beginn um 10.00 Uhr, festgesetzt wurde. Vielleicht sollten Euer Ehren den Verteidiger darauf hinweisen, wie man die Uhr liest."

Theodore J. Hamilton musste leise lachen. Er machte eine Pause unangenehmer Länge und sprach dann zu mir, während er herablassend in Richtung L. Myron Dumblys schielte.

„Euer Ehren, wenn Herr Dum…" Hamilton hustete ein paar Mal und fuhr fort „…bly".

Mit weit aufgerissenen Augen stammelte Dumbly: „Euer Ehren, ich wurde schon seit meiner Schulzeit nicht mehr als *Herr Dum* bezeichnet. Ich bitte Sie, disziplinarische Maßnahmen gegen den Verteidiger aufgrund dieser billigen, erniedrigenden und kindischen Geste zu ergreifen."

Hamilton erschien unschuldig, fast engelsgleich, als er mit erstauntem Blick aufsah und sprach: „Euer Ehren, anscheinend hat sich im hinteren Rachenraum ein Hustenreiz festgesetzt, der von

Zeit zu Zeit in Form eines trockenen Hustens offensichtlich wird. Und so wie es aussieht, trat der Reiz diesmal genau an der Stelle auf, als ich den Namen des Anwalts aussprach. Genau zwischen ‚Dum' und ‚bly'. Ich kenne die kindischen Beleidigungen nicht, die der Anwalt anscheinend damit verbindet. In der Tat, da ich bereits die Achtzig überschritten habe, bitte ich um Nachsicht des Gerichts, sollten meine physischen Einschränkungen von Zeit zu Zeit meine Darbietungen in einer Art und Weise stören, wie ich es mir nicht wünsche. Wenn Euer Ehren selbst dieses Alter erreichen, bin ich mir sicher, dass Sie vollstes Verständnis dafür haben werden."

Ich konnte meinen allzeit ernsten Gerichtsschreiber, Scott, kichern hören und musste mir selbst das Lachen verkneifen, als ich antwortete: „Herr Hamilton, ich habe die Achtzig noch nicht erreicht, aber ich bin nicht viel jünger. Deshalb verstehe ich Ihre Situation, dennoch schien das Husten zu einer speziellen Zeit aufzutreten."

Hamilton nickte ernst und sagte: „Ja, das ist wirklich sonderbar, Euer Ehren. Sogar unerklärlich. Und hinsichtlich meiner verspäteten Ankunft: Ich habe mich sofort auf den Weg hierher gemacht, als ich von der Anhörung erfahren habe."

Dumbly unterbrach: „Euer Ehren, unsere Kanzlei wurde schon vor Wochen über die heutige Anhörung in Kenntnis gesetzt und erhielt auch die Nachricht, dass die Gegenpartei darüber informiert wurde."

Hamilton fuhr fort: „Euer Ehren, ich reiste gerade ausgedehnt durch Indien und den Fernen Osten, ich nahm ein Sabbatjahr. Die Nachricht wurde so schnell wie möglich über Telefon, Expresspost,

Fax, Kurierdienst und schließlich in den abgelegenen Regionen des Himalaya durch einen reisenden Missionar auf einem Grunzochsen zu mir übermittelt."

Hamilton lächelte Dumbly unschuldig an und ergänzte: „Egal ob die Gegenpartei eine direkte Erfahrung mit der Zustellung gerichtlicher Dokumente per Grunzochsen hat oder nicht, ich kann dem Anwalt und Euer Ehren versichern, dass von allen Beteiligten keine Mühen gescheut wurden. Die Angestellten, Hilfskräfte, Postangestellten, Kurierdienste und der genannte Missionar und am meisten der Grunzochse gaben ihr Bestes."

Aus Dumbly platze es heraus: „Euer Ehren, ich werde für dumm verkauft ..." Aber alles, was zu hören war, war: „Euer Ehren, ich werde für dumm ...", denn ein weiterer Hustenreiz von Hamilton verschluckte den Rest. Dumbly gestikulierte wild und stellte fest: „Euer Ehren, er macht es schon wieder."

Hamilton schüttelte ungläubig den Kopf und betonte ernst: „Euer Ehren, wenn mein junger, gelehrter Anwalt der Gegenpartei die Mitte seiner Achtziger und darüber hinaus erreicht hat, so hoffe ich, dass er fähig sein wird, seinen Beruf auszuüben, ohne dass die Gegenpartei, 50 Jahre jünger, jedes Mal aufzählt und hervorhebt, wenn er hustet."

Ich konnte mir ein Kichern nicht verkneifen, als ich mit meinem Gerichtshammer wieder für Ordnung sorgte.

„Meine Herren, lassen Sie uns mit Würde und der Professionalität fortfahren, die dieses Gericht und jeder Ihrer Mandanten verdienen. Bitte kehren Sie an Ihre Plätze zurück."

An beide Anwälte gerichtet sagte ich: „Gentlemen, das Gericht wird nun mit der Anhörung aller Aussagen beginnen."

L. Myron Dumbly stand auf und begann mit wiedergewonnener Erhabenheit: „Euer Ehren, dieser Fall ist sehr einfach und überschaubar. Und ich bin mir sicher, dass meinen Mandanten das gesamte weltliche Vermögen von Howard ,Red' Stevens zugesprochen wird, sobald Ihnen alle Beweise präsentiert wurden. Trotz irgendeiner gerichtlichen Täuschung oder eines Pfadfinderprojekts, das von der Gegenpartei und seinem Mandanten unternommen wurde."

Ich schaute Hamilton in Erwartung eines Einspruchs an. Dumbly hielt ebenfalls inne in der Annahme, dass etwas kommen musste. Hamilton lehnte sich zum jungen Jeffrey Watkins hinüber und flüsterte: „Junge, besteht die Möglichkeit, eine Tasse Kaffee zu bekommen?"

Watkins antwortete lauter und durchdringender als erwartet: „Ich bin nicht auf die Universität gegangen um zu lernen, wie man Kaffee holt."

Hamilton erwiderte sanft: „Nein, ich bin mir sicher, dass Sie auf der Universität anderes gelernt haben, aber Sie scheinen ein aufgehender Stern am Anwaltshimmel zu sein, und ich habe Vertrauen in Sie."

Hamilton wandte sich wieder Dumbly zu, der mit seinem Antrag fortfuhr.

„Euer Ehren, wir haben ersucht und dieses Gericht hat dem Antrag stattgegeben, wonach das gesamte Vermögen von Jason Stevens eingefroren wurde, das von Red Stevens entweder vor seinem

Tod oder nach seinem Tod durch dieses aberwitzige Prozedere an Jason Stevens gegeben wurde."

Ich blätterte in meinen Dokumenten und fand den entsprechenden Antrag. „Herr Dumbly, ich habe diesen Antrag vor mir. Er wurde ordnungsgemäß ausgeführt und aufgezeichnet. Haben Sie ein Anliegen?"

Dumbly deutete auf die andere Seite des Ganges und erklärte zögernd: „Euer Ehren, es ist Herr Hamilton."

Ich unterbrach Herrn Dumbly fragend: „Was ist mit Herrn Hamilton?"

In diesem Moment rutschte Jeffrey Watkins zurück auf seinen Sessel. Er schob eine Tasse Kaffee zu Jason hinüber, der sie an Theodore J. Hamilton weiterreichte.

Dumbly fuhr fort: „Euer Ehren, es ist in gerichtlichen Kreisen bekannt, dass Herr Hamilton für jeden Fall mehr als eine Million Dollar verrechnet. Und Herr Stevens – dies wurde durch eine gerichtliche Prüfung, die von unserer Kanzlei in Auftrag gegeben wurde, bestätigt – besitzt keinerlei finanzielle Mittel außer die, die ihm von Red Stevens zur Verfügung gestellt wurden."

Hamilton schaute auf, als er einen Schluck Kaffee trank, und sprach: „Euer Ehren, wenn es für den Antrag der Gegenpartei hilfreich ist, so möchte ich dem Gericht versichern, dass ich für meine Dienste angemessen beauftragt und unverzüglich bezahlt wurde. Dennoch schätze ich, dass sich Herr Dum…"

Hamilton pausierte, um einen Schluck Kaffee zu trinken „…bly über mein Honorar und mein finanzielles Wohlergehen Gedanken macht."

Im Gerichtssaal brach lautes Gelächter aus, und ich gebrauchte meinen Gerichtshammer, um für Ordnung zu sorgen.

Entrüstet erkundigte sich Dumbly: „Glauben Sie wirklich, dass Ihnen das Gericht abnimmt, dass Sie Ihr Honorar von Jason Stevens ohne die Hilfe seines Fonds oder der Einnahmen aus dem Vermögen erhalten haben?"

Hamilton lächelte, zuckte mit den Schultern und kommentierte: „Nun, normalerweise würde ich nach einem besseren Kaffee verlangen, aber ich bin bereit, diesen hier als Bezahlung für jegliche Dienste, die diesen Fall betreffen oder zukünftig betreffen werden, zu akzeptieren."

Ich konnte meine Ungeduld nicht verbergen, als ich sagte: „Wenn dieses Problem nun behoben ist, so bitte ich Herrn Hamilton, seinen Standpunkt dem Gericht vorzubringen."

Als Hamilton sich erhob, um zu sprechen, war es, als ob ein ins Alter gekommener Boxer aus seiner Ecke zum letzten Kampf in der Weltmeisterschaft antritt.

„Euer Ehren, ich bin mir sehr sicher, dass der letzte Wille und das Testament von Howard ‚Red' Stevens seine Absichten und seine Wünsche für sein Vermögen widerspiegeln. Ich weiß das, weil Red Stevens für mehr als 60 Jahre mein Freund war."

Theodore J. Hamilton hielt inne und ergänzte sichtlich gerührt: „Und ich wage zu behaupten, dass ich sein bester Freund war."

Hamilton schwieg einen Moment, um sich zu sammeln, und wandte sich dann wieder den gerichtlichen Belangen zu: „Im Weiteren kann ich diesem Gericht und allen interessierten Beteiligten versichern, dass Red Stevens' letzter Wille und sein Testament

– obwohl es formlos und unkonventionell ist – rechtskräftig und bindend waren und sind. Ich bin mir dessen so sicher, weil ich selbst jeden Satz dieses Dokumentes geschrieben, versiegelt und ausgeführt habe."

Dumbly erhob sich eingebildet und fragte: „Euer Ehren, hat der Verteidiger irgendeinen Punkt, auf den er hinaus will?"

Hamilton starrte Dumbly mit einem Blick an, der jeden Eisberg zum Schmelzen gebracht hätte. Er schwieg, bis Dumbly gezwungen war, den Blick abzuwenden: „Ich habe ganz sicher einen Punkt, den ich dem Kläger und seinen …"

Hamilton machte eine Pause, als ob er nach den richten Worten für seine Abneigung suchen würde, und fuhr dann fort: „… seinen Mandanten vorbringen möchte."

Hamilton betrachtete ablehnend die gierigen Verwandten, die sich in den Reihen hinter Dumbly versammelt hatten, und erklärte weiter:

„Da ich ein sehr enges persönliches wie auch berufliches Verhältnis zu Red Stevens hatte, kenne ich seine Absichten und seinen Willen. Ich möchte auch das Gericht über die Klausel in Kenntnis setzen, dass jeder Verwandte seinen oder ihren Anteil sofort verlieren würde, sobald das Testament oder die Bestimmung bezüglich des Nachlasses Diskussionen, Proteste oder Streit hervorrufen würde."

Hamilton wiegte sich sanft vor und zurück, und ließ Raum dafür, dass die Tragweite dieser Überraschung wirklich bei allen ankam. Vereinzelt konnte man Geflüster und Grummeln aus den Reihen hinter Dumbly hören.

„Alles verlieren?"

„Was meint er mit ‚alles verlieren'?"

Dumbly wühlte sichtlich erregt in den Dokumenten vor ihm.

Ich klopfte mit dem Gerichtshammer und wartete, bis Ruhe eingekehrt war.

„Herr Hamilton, ich habe Ihren Antrag in der Tat erwartet und sehr genau angesehen. Und es scheint ohne Zweifel so zu sein, dass die hier versammelte Erbengemeinschaft, die gemeinsam das Testament angezweifelt hat, tatsächlich ihr gesamtes Erbe verlieren wird, sofern das Testament rechtskräftig bleibt."

Auf Dumblys Seite des Gerichtssaals waren auf einmal Seufzer, Flüche und Gejammer zu hören. Ich verlangte nach Ordnung und fuhr fort:

„Herr Hamilton, Ihrem Antrag wird stattgegeben. So wie es aussieht, haben wir einen Fall vor uns in dem es, wie mein Freund und Mentor, der alte Richter Eldridge, zu sagen pflegte, um alles oder nichts geht."

Ich sah zu Scott hinunter, der fleißig am Gerichtsprotokoll tippte, und sagte: „Für das Protokoll: Das Gericht erkennt an, dass Herr Dumbly und seine Mandanten alle Eigentümer, die zuvor Jason Stevens zugesagt worden waren, unter sich aufteilen werden können, sollten sie erfolgreich Howard ‚Red' Stevens' Testament anfechten. Sollte aber auf der anderen Seite Herr Hamilton Jason Stevens' Erbe erfolgreich verteidigen, so werden alle anderen Erbschaftsanteile dem Treuhandfonds zugefügt, den aktuell Jason Stevens verwaltet."

Nun hatte die Herausforderung begonnen. Die Ausgangssituationen waren ausgeglichen.

Ich erhob mich, klopfte beiläufig mit meinem Gerichtshammer und verkündete:

„Das Gericht ist für die Dauer einer Stunde vertagt."

Ich stieg die Stufen hinab, ging durch die Tür aus Mahagoni und atmete in der gewohnten Umgebung meines Büros tief durch. Ich konnte mich an kaum einen Prozess erinnern, der so einfach und doch so kompliziert war. Dies wurde noch dadurch verstärkt, dass Milliarden Dollar von meiner Entscheidung abhingen.

In der ganzen Stunde ging ich auf und ab und grübelte über das Leben von Red Stevens, seine Absichten für Jason und die bedeutenden Geschenke, die er für seinen Enkel vorbereitet hatte.

Ich wusste, dass ich, ungeachtet irgendwelcher persönlichen Gefühle, auch die Situation der Kinder Red Stevens betrachten musste, die noch mehr aus seinem Vermögen erben wollten. Eigentlich trifft *noch mehr* gar nicht zu. Sie wollten tatsächlich *alles.* Im Weiteren musste ich auch Jason Stevens betrachten und herausfinden, ob er jedes Einzelne der Geschenke verinnerlichte und dafür rechtmäßig einige Milliarden Dollar erbte – oder nicht.

Und schließlich, nach Anhörung aller Anklagepunkte, musste ich die Stimme der einen Person sein, deren Wünsche zwar vorrangig waren, die aber nicht für sich selbst sprechen konnte. Ich musste mich selbst in die Gedanken und das Herz von Howard ‚Red' Stevens hineinversetzen.

Als ich meinen Platz im Gerichtssaal wieder einnahm und allen als Zeichen zum Setzen zunickte, bemerkte ich zwei zusätzliche Personen, die sich am Tisch von Herrn Hamilton eingefunden hatten. Neben Jason erkannte ich seine attraktive Verlobte Alexia. Sie wurde im letzten Jahr durch die Berichterstattung über Jason Stevens' Aufgabe des *ultimativen Geschenks* regelrecht berühmt. Und neben Theodore J. Hamilton hatte seine Assistentin Margaret Hastings Platz genommen, die ihn schon in vielen Gerichtssälen für mehr als ein halbes Jahrhundert begleitet hat. Frau Hastings war eine dieser Schönheiten, die in jungen Jahren umwerfend aussahen und deren Lebensjahre sie reifen ließen, wie bei einem guten Wein. Sie war heute noch schöner als jemals zuvor.

Ich klopfte mit meinem Hammer, blickte über die Versammlung und begann:

„Über die Rechtskräftigkeit eines letzten Willens und Testaments zu entscheiden ist wohl eine der schwierigsten Angelegenheiten des Gesetzes. Denn es verlangt vom Gericht, die Werte einer individuellen Person zu wahren und für die Person selbst zu sprechen, die nicht mehr länger unter uns ist, um für sich selbst zu sprechen. Ich habe zur Gänze den letzten Willen und das Testament von Howard ,Red' Stevens studiert. Inklusive der geschriebenen Dokumente, die seine Gedanken, Sehnsüchte und Absichten beinhalten, die er hinsichtlich der Aufgabe des *ultimativen Geschenks* für Jason Stevens hatte.

Das Gericht geht davon aus, dass Howard ,Red' Stevens im Besitz seiner geistigen und körperlichen Kräfte war, als er sein Testament verfasste. Uns wurde kein gegenteiliges Beweisstück vorgelegt oder Einspruch erhoben. Außerdem befindet das Gericht Red Stevens' letzten Willen, obwohl er unkonventionell und revolutionär ist, für rechtskräftig und vollstreckbar, sofern alle Bedingungen und Auflagen befolgt und erfüllt wurden. Deshalb bleibt für das Gericht nur die Frage zu klären, ob Jason Stevens tatsächlich jede der im letzten Willen und dem Testament festgelegten Aufgaben von Howard ‚Red' Stevens erfüllt hat.‟

Ich pausierte lange genug, um jeder Seite genügend Zeit für einen Einspruch zu geben. Dankbar dafür, dass keiner kam, fuhr ich fort:

„Das Testament und die Dokumente des Treuhandfonds besagen, dass die Milliarden Dollar an Jason Stevens übergeben werden sollen, um damit die Botschaft der zwölf Inhalte des *ultimativen Geschenks* weiterzugeben. So wird es von Red Stevens zusammengefasst und dargestellt. Es wird Aufgabe dieses Gerichts sein, festzustellen, ob Jason Stevens tatsächlich jede der zwölf Lektionen so verinnerlicht hat, dass er dazu fähig ist, die Botschaft weiterzutragen. Denn genau dafür wurden ihm die Milliarden hinterlassen.

Meine Anweisung lautet wie folgt: Morgen früh um 10.00 Uhr wird Jason Stevens in diesem Gerichtssaal die Möglichkeit gegeben, zu erklären und zu beweisen, dass er jede der Lektionen gelernt hat, die ihm Red Stevens in den zwölf Geschenken mitgegeben hat. Und anschließend, dass er der Aufgabe gewachsen ist, das Vermögen wirklich dafür einzusetzen, das *ultimative Geschenk* an eine Welt weiterzugeben, die definitiv danach verlangt.‟

Ich hielt inne und konnte die unglaubliche Anspannung förmlich spüren, die durch einige Milliarden Dollar hervorgerufen wurde, und dadurch, dass ganze Existenzen in der Luft hingen.

Ich setzte meinen Gerichtshammer ein und verkündete: „Das Gericht ist vertagt."

Meine Richterrobe wehte, als ich aus dem Gerichtssaal in mein Zimmer eilte. Ich hörte den Schock, die Aufregung und die Angst, die sich in der Menge ausbreitete. Die Fülle der Journalisten eilte aus dem Gericht, um den Lesern, Zuhörern und Zuschauern auf der ganzen Welt davon zu berichten, was ich angeordnet hatte.

Ich fühlte mich angesichts der gewaltigen anstehenden Aufgabe unqualifiziert und unfähig. Ich konnte nur hoffen und beten, dass die Jahre meiner Erfahrung auf dem Richterstuhl mir irgendwie den richtigen Weg zeigen und zu einer angemessenen und gerechten Entscheidung führen würden.

Nur die morgigen Geschehnisse und die weiteren Tage würden dies zeigen.

KAPITEL III

Das Leben der Arbeit

In diesem Leben ist unsere Arbeit die Krönung
all unseres Seins und Wissens.
Durch unseren Arbeitsplatz geben wir all das an andere weiter.

Ich wälzte mich die ganze Nacht hin und her und konnte meine Gedanken nicht von dem Fall abwenden. Jeder Richter im ganzen Land beschäftigt sich mit sehr vielen Fällen, aber in meinem Gericht und in den Gedanken aller Menschen ist der unvergleichliche Prozess um Red Stevens' Vermögen einfach nur als *der Fall* bekannt.

Mitten in der Nacht stand ich schließlich auf, ging in mein Arbeitszimmer und schaltete den Fernseher ein. Ich dachte mir, dass mich eine langweilige Sendung vielleicht auf andere Gedanken bringen würde. Aber als ich so durch die Kanäle schaltete, schien wirklich jeder Sender Neuigkeiten, Kommentare, Portraits, Spekulationen oder wilde Fantasien bezüglich Red Stevens, Jason Stevens und den Fall zu senden.

L. Myron Dumbly wurde in den Medien besonders hervorgehoben. Schon früh erkannte ich, dass dieser Fall unaufhaltsam in einem Medienzirkus enden würde, und anstatt zu versuchen, dies zu kontrollieren, entschied ich mich, alles einfach geschehen zu lassen. Aber Herr Dumbly holte in der Tat alles aus dieser Situation heraus.

Als die Sonne langsam emporstieg und die Sterne ihr Revier freigaben, erwachte ein neuer Tag zum Leben. In meinem Arbeitszimmer genoss ich die Sicherheit meines Ledersessels und trank meine dritte Tasse Kaffee, während ich über die vergangenen und zukünftigen Geschehnisse nachsann. Ich blickte aus dem Fenster auf die Umrisse der Stadt.

Die meisten Gerichtsgebäude wurden für die Ewigkeit erdacht. Viele wurden aus Kalkstein oder Marmor errichtet. Sie wurden im ganzen Land sorgfältig konzipiert und an den beliebtesten Plätzen unserer Städte erbaut. In den letzten Jahrzehnten wuchsen jedoch viele Städte in Richtung der Vorstädte, und so wurden die Gerichtshäuser, meines eingeschlossen, inmitten der trostlosen Innenstädte zurückgelassen.

Von meinem Fenster aus konnte ich mehrere unbewohnte, verlassene Gebäude sehen. In der Mitte all der Häuser gab es einen einsamen Platz, wo vor langer Zeit alles niedergerissen wurde, aber noch nichts Neues entstanden war. Man hatte immer wieder Gerüchte gehört, dass dort ein Stadtpark entstehen sollte, aber die Prioritäten für die Finanzierungsgelder schienen immer woanders zu liegen.

Obwohl das Gericht erst in einigen Stunden tagen würde, wusste ich, dass meine heutigen Pflichten sofort beginnen müssten. Also holte ich aus den umfangreichen Unterlagen des Falls meine Kopie von Red Stevens' Testament und eine Kopie der DVDs hervor.

Auf diesen waren die Botschaften von Red Stevens, die er als Teil des *ultimativen Geschenks* für Jason aufgezeichnet hatte.

Ich wählte die DVD *„Das Geschenk der Arbeit"* und schob sie in das Abspielgerät. Ich wusste, dass sich das Gericht heute damit beschäftigen würde, ob Jason die vorgesehene Aufgabe von Red Stevens bezüglich des *Geschenks der Arbeit* bestanden hatte oder nicht. Im Weiteren musste festgestellt werden, ob Jason Stevens die Fähigkeit besaß, die gelernte Lektion auch anzuwenden, um der Welt durch den Treuhandfonds, den Red Stevens hinterlassen hatte, einen Nutzen zu stiften.

Als die DVD begann und Red Stevens' imposante Person auf dem Bildschirm erschien, drückte ich auf „Pause" und starrte auf das strahlende Gesicht. Howard Red Stevens war wirklich eine historische Persönlichkeit, und es war schwer, die Wahrheit von all den Mythen und Legenden zu trennen. Ich dachte darüber nach, welche Emotionen und welche Unruhe wohl in jemandem herrschen würde, der wusste, dass er am Ende seines Lebens stand, aber darauf hoffte, nach seinem Tod eine Botschaft zu hinterlassen, die er zu Lebzeiten irgendwie nie überbringen konnte.

Ich drückte auf „Play", und Red Stevens begann, mit seinem Enkel zu sprechen.

„Jason, als ich noch viel jünger war als du jetzt, habe ich gelernt, welche Zufriedenheit von einem Wort mit sechs Buchstaben ausgeht: ARBEIT. Eines der Dinge, die mein Reichtum dir und der ganzen Familie geraubt hat, ist das Privileg und die Zufriedenheit, die daraus resultieren, einer ehrlichen Arbeit nachzugehen.

Nun, bevor du dich hineinsteigerst und alles ablehnst, was ich dir sagen werde, möchte ich, dass du erkennst, dass alles, was ich besitze, und alles, was du besitzt, das Resultat von Arbeit ist. Ich bereue es sehr, dass ich dir die Möglichkeit genommen habe, die Freude zu erfahren, die man bekommt, wenn man weiß, dass das, was man besitzt, das Resultat seiner eigenen Arbeit ist.

Wenn ich mich an die erste Zeit in den Sümpfen von Louisiana erinnere, erinnere ich mich an Arbeit – harte, erschöpfende Arbeit, über die ich mich als junger Mann sehr ärgerte. Meine Eltern hatten viele hungrige Mäuler zu stopfen und nicht genug zu essen. Wenn wir also essen wollten, arbeiteten wir. Später, als ich auf eigenen Beinen stand und nach Texas kam, wurde mir bewusst, dass harte Arbeit für mich zur Gewohnheit geworden war und mir als wahre Freude für den Rest meines Lebens diente.

Jason, du hast das Allerbeste, was die Welt zu geben hat, genossen. Du bist überall gewesen, hast alles gesehen und alles ausprobiert. Was du aber nicht verstanden hast, ist, wie viel Freude all diese Dinge bringen, wenn du sie dir selbst verdient hast und die Freuden des Lebens zu einer Belohnung für die harte Arbeit werden, anstatt eine Möglichkeit, der Arbeit aus dem Weg zu gehen."

Ich schaltete das Abspielgerät aus und dachte über die Worte und den Geist von Red Stevens nach. Ich konnte nicht anders, als an mein eigenes Arbeitsleben zu denken und daran, wie gut ich das *Geschenk der Arbeit* auch in meinem Leben anwandte. Aber die zu lösende Aufgabe war ja, herauszufinden, wie viel Jason gelernt hatte und ob er dazu fähig war, das *Geschenk der Arbeit* an viele andere auf dieser Welt weiterzugeben.

Der Gerichtssaal war bis auf den letzten Platz besetzt. Die fühlbare Anspannung hatte sich seit gestern weiter erhöht. Ich klopfte mit dem Gerichtshammer und begann sofort mit der Arbeit.

„Das Gericht beschäftigt sich heute mit dem Testament von Howard ‚Red' Stevens in Bezug auf das *Geschenk der Arbeit*. Das Gericht wird darüber entscheiden, ob Jason Steven bewiesen hat, dass er das *Geschenk der Arbeit* wirklich verinnerlicht hat. Und was noch wichtiger ist: ob er dafür qualifiziert ist, die Milliarden des Treuhandfonds so zu verwalten, dass diese Lektion und dieses Geschenk an andere weitergegeben werden."

Ich schaute kurz zu Theodore J. Hamilton hinüber, der sich gefasst ein paar Notizen machte, während er meiner Eröffnung lauschte. Ich fuhr fort: „Herr Hamilton, da Sie derjenige sind, der das Testament von Red Stevens geschrieben, ausgeführt und als rechtskräftig erklärt hat, geht das Gericht davon aus, dass Sie von der Richtigkeit dessen überzeugt sind."

Hamilton nickte zustimmend, und ich wandte mich der anderen Seite des Ganges zu. L. Myron Dumbly, sein Team von Anwälten und die Erbengemeinschaft von Red Stevens waren alle an ihrem Platz. Es war offensichtlich, dass heute das Gefühl der Angst präsenter war als am Tag zuvor noch die Zuversicht. Das war auch eine logische Folge. Zuerst dachte die Familie, dass sie nichts zu verlieren, aber alles zu gewinnen hatte. Aber nun hatten sie verstanden, dass sie im wahrsten Sinne des Wortes *alles* verlieren könnten.

Ich wandte mich an Dumbly: „Herr Dumbly, nachdem Ihre Klienten die Gültigkeit des Testaments von Red Stevens anfechten und in Frage stellen, dass Jason alle Aufgaben erfüllt hat, werde ich Sie beginnen lassen."

Dumbly erhob sich souverän, machte eine Kunstpause und erklärte: „Ich rufe Jason Stevens in den Zeugenstand."

Jason stand zögerlich auf und schritt unsicher auf den Zeugenstand zu. Nachdem er geschworen hatte, die Wahrheit zu sagen, setzte er sich.

Dumbly näherte sich dem Zeugenstand und lächelte höhnisch, als er Jason fragte: „Sie sind Jason Stevens?"

Jason nickte und antwortete schüchtern: „Ja."

Dumbly wandte sich ausschweifend der Galerie zu und sagte: „Bitte sprechen Sie lauter, damit Sie jeder verstehen kann."

Dumbly ging auf und ab und erkundigte sich: „In welchem Verhältnis standen Sie und Howard ‚Red' Stevens?"

„Er war mein Großvater", antwortete Jason verhalten.

Dumbly gab sich erstaunt und perplex. „Sind Sie sicher, dass er Ihr Großvater war?"

Nun schien Jason verblüfft zu sein und wiederholte: „Ja."

Siegessicher lächelte Dumbly: „Dann erklären Sie bitte diesem Gericht und allen Anwesenden, warum Sie bisher in allen Angaben zu Howard ‚Red' Stevens, so selten diese auch waren, diesen immer als einen unbedeutenden Onkel oder Ihren Großonkel bezeichneten!"

Jason errötete und schaute auf seine Füße. Nach einer langen Pause begann er: „Howard ‚Red' Stevens war mein Großvater. Er war der Vater meines Vaters. Und das ist eine Tatsache, die ich niemals schätzte. Es ist sogar so, dass ich mich mein ganzes Leben dafür schämte, bis er diese Erde verlassen hatte. Ich gab ihm die Schuld an allem, was in meinem Leben schiefgelaufen war, und ich machte ihn verantwortlich für den Tod meines Vaters. Erst nach Großvaters Tod begann ich zu verstehen, dass mein Großvater meinem Vater helfen wollte und dass mein Vater bei einem Unfall starb, an dem mein Großvater keine Schuld trägt. Nur weil ich das *ultimative Geschenk* erhalten hatte, kann ich heute sagen, dass ich stolz darauf bin, Red Stevens Enkel zu sein. Und ich bin dankbar für alles, was er mir beigebracht hat."

Aufsässig starrte Jason Dumbly an, als dieser fortfuhr: „Wir sollen also verstehen, dass Sie sich berechtigt und würdig fühlen, das Erbe einer Person anzutreten, derer Sie sich schämten und die Sie zu deren Lebzeit sogar verleugneten?"

„Ja", seufzte Jason.

Dumbly blickte selbstgefällig zu den Geschworenen, zu mir und dann zurück zu Jason. „Unerhört. Das ist wirklich unerhört."

Hamilton unterbrach mit Nachdruck: „Euer Ehren, ich erhebe Einspruch. Können Sie bitte den Anwalt darauf hinweisen, seine persönliche Meinung und Sichtweise zurückzuhalten und sich angemessener zu äußern? Red Stevens' Erbe und seine Gründe, wie er zu dieser Entscheidung kam, bedürfen nicht der Zustimmung oder Beurteilung durch Herrn Dumbly."

Ich gebrauchte meinen Gerichtshammer und gab dem Einspruch von Hamilton statt.

Dumbly feuerte unerschrocken weitere Fragen auf Jason.

„Haben Sie sich jemals, auch nur einmal, um einen Arbeitsplatz beworben?"

„Nein", antwortete Jason.

„Hatten Sie jemals, nur einmal in Ihrem Leben, einen bezahlten Job?"

Jason hielt inne, schien nachdenklich, schüttelte dann seinen Kopf und gab zu: „Nein."

„Würden Sie bitte diesem Gericht und allen Anwesenden hier von Ihrem kurzen Erlebnis auf der Ranch in Texas letztes Jahr berichten?"

Jason richtete sich auf und begann: „Mein Großvater lehrte mich das *Geschenk der Arbeit*, indem er mich auf die Ranch von Gus Caldwell zum Arbeiten schickte."

Dumbly lächelte, nickte und forschte fragend: „Also, welche verschiedene Arbeiten haben Sie in diesen 30 Tagen kennengelernt?"

„Ich grub Löcher für die Pfosten und baute einen Zaun."

„Und was noch?", fragte Dumbly.

Jason schien verwirrt und schüttelte seinen Kopf: „Nichts weiter."

Dumbly drängte: „Also ist es richtig zu sagen, dass sich Ihre komplette Berufserfahrung und alles, was Sie über Arbeit wissen, auf diese 30 Tage bezieht, in denen Sie nichts anderes taten, als einen Zaun zu errichten? Qualifiziert Sie dies Ihrer Meinung nach in irgendeiner Weise, Milliarden zu verwalten und anderen Menschen dabei zu helfen, das *Geschenk der Arbeit* zu verstehen?"

Jason zuckte mit den Schultern und stammelte irgendetwas.

Dumbly zog sich hinter seinen Tisch zurück und erklärte: „Der Zeuge ist entlassen. Ich rufe in den Zeugenstand …", er pausierte und wühlte in seinen Dokumenten, „… Gus Caldwell."

Es war, als ob er ein Stück amerikanischer Geschichte symbolisieren würde, als er den Gang entlangschritt. Feierlich legte Gus Caldwell seine Hand auf die Bibel und leistete den Schwur. Er nickte kurz als Zeichen des Respekts in meine Richtung und auch zu Herrn Hamilton.

Dumbly hielt sein Lächeln kaum zurück, als er sich erkundigte: „Sie sind also Gus Caldwell."

Gus Caldwell zögerte die Stille hinaus, bis sie ungemütlich wurde, so wie es nur eine wirklich gefestigte Persönlichkeit tun konnte. Dann antwortete er: „Ja, mein Sohn. Ich bin Gus Caldwell. Und wer sind Sie?"

Gelächter machte sich im Raum breit. Ich mahnte mit meinem Gerichtshammer zur Ruhe.

Dumbly erwiderte entrüstet: „Ich, Sir, bin L. Myron Dumbly, Rechtsanwalt von Beruf. Und ich bin nicht Ihr Sohn."

Gus Caldwell lehnte sich in seinem Stuhl zurück, lächelte breit. „Nein, ich denke, Sie sind nicht mein Sohn. Das ist ein weiterer Punkt auf meiner Liste, wofür ich meinem Herrgott dankbar bin."

Wieder lachten alle Anwesenden im Gerichtssaal, und ich konnte mir ein eigenes Kichern nicht verkneifen, als ich abermals für Ruhe und Ordnung sorgte, indem ich den Gerichtshammer gebrauchte.

Dumbly pausierte, sammelte sich wieder und schlug eine andere Richtung ein.

„Herr Caldwell, würden Sie bitte dem Gericht Ihre Tätigkeit und die Größe Ihres Unternehmens beschreiben?"

Gus Caldwell zählte auf: „Ich züchte Rinder und Pferde. Baue Weizen und eine Reihe anderer Getreidesorten an. Ich besitze Ölquellen, Gasquellen und einige Anteile an Banken, Einkaufszentren und noch ein paar anderen Dingen, über die ich nicht so viel weiß."

Dumbly nickte, als ob er verstanden hätte, und fuhr fort: „Aus der Menge all dieser Aufgaben, Jobs und Positionen in all den unterschiedlichen Geschäftszweigen, können Sie uns bitte den Aufgabenbereich verständlich machen, den Sie für Jason Stevens' Erfahrung mit dem Berufsleben gewählt haben?"

Gus nickte und erklärte kurz angebunden: „Er hat einen Zaun gebaut."

Dumbly wiederholte: „Er hat einen Zaun gebaut. Ich verstehe."

Der Anwalt überlegte einem Moment. „Können Sie uns dabei helfen zu verstehen, welch möglicher Nutzen durch das Bauen eines Zaunes für jemanden entsteht, dem Milliarden anvertraut werden sollen, um Menschen unter anderem dabei zu helfen, das *Geschenk der Arbeit* zu verstehen?"

Gus Caldwell schüttelte traurig den Kopf, als ob er ein Kind vor sich hätte. „Mein Sohn, ein Mensch, der einen guten Zaun bauen kann, kann alles tun. Die Art der Arbeit ist weit weniger entscheidend als die Art der Persönlichkeit. Jeder kann die notwendigen

Schritte für einen Beruf erlernen, aber nur wenige Menschen verstehen den Stolz, die Würde und die Ehre, die damit einhergehen, eine Arbeit gut auszuführen. Mein ganzes Lebensumfeld hat mit der Zeit sehr viel an Wert gewonnen, und ich kann damit umgehen. Und ich habe nichts einfach geschenkt bekommen. Ich denke, ich habe viel über die Arbeit und über das Leben aufgrund von harter Arbeit – wie das Errichten von meilenlangen Zäunen – gelernt."

Dumbly schüttelte seinen Kopf, als ob er selbst und alle anderen von der Antwort enttäuscht seien, zog sich wieder hinter seinen Tisch zurück und gab mit einer lässigen Handbewegung bekannt: „Euer Ehren, ich denke, wir haben alles gehört, was wir von dieser Person lernen konnten oder lernen werden."

Gus Caldwell schaute fragend zu mir hinauf, und ich nickte lächelnd: „Herr Caldwell, vielen Dank für Ihre Aussage."

Gus erhob sich und antwortete: „Euer Ehren, Sie brauchen sich nicht bei mir zu bedanken. Ich würde alles, was Sie sich vorstellen können, und vieles, was sie sich nicht vorstellen können, für Red Stevens tun."

Gus Caldwell ging den Gang hinunter und verließ meinen Gerichtssaal, während alle Augen auf ihn gerichtet waren.

Schließlich wandte ich mich wieder Dumbly zu und fragte: „Herr Dumbly, haben Sie noch weitere Zeugen?"

„Nein, Euer Ehren", antwortete er. „Ich denke, wir haben mehr als genug von Herrn Caldwell und Herrn Jason Stevens selbst gehört, um zu verstehen, dass dieser junge Mann …", Dumbly zeigte mit dem Finger in Jasons Richtung, als er sprach, „…nichts über die Arbeitswelt weiß und wissen kann, selbst wenn er mit dieser in Verbindung steht. Noch viel weniger hat er die Fähigkeit und das Verständnis dazu, Milliarden zu verwalten, um anderen damit zu helfen."

Ich hatte mich in meinem Stuhl zurückgelehnt und starrte Herrn Dumbly an, während ich die Situation auf mich wirken ließ.

Dann erhob sich Herr Hamilton. „Euer Ehren, im heutigen Fall geht es nicht um Herrn Dumblys Meinung zu Red Stevens' Testament oder sogar seine Meinung zu Jason Stevens' Arbeitsgewohnheiten. Der Fall liegt auf der Hand. Es geht darum, ob Jason Stevens das *Geschenk der Arbeit* versteht und ob er diese Lektion durch die Erbschaft seines Großvaters an andere weitergeben kann. Ich glaube – und der Wunsch seines Großvaters verlangt es –, dass ihm die Chance gegeben werden sollte, seine Würdigkeit in dieser Sache ein für allemal zu beweisen."

Hamilton setzte sich wieder, als ob diese Angelegenheit bereits entschieden sei, und sie war in der Tat entschieden. Meine Augen ruhten für einen Moment auf jedem der Anwälte, und dann fällte ich das Urteil:

„Das Gericht beschließt, dass Jason Stevens 30 Tage gegeben werden, in seinem eigenen Verständnis und auf seine eigene Art und Weise zu beweisen, dass er das *Geschenk der Arbeit* verstanden hat und alle Voraussetzungen besitzt, um Red Stevens' *Geschenk der Arbeit* an andere weiterzugeben. Wenn sich das Gericht am Ende dieser 30 Tage in dieser Angelegenheit zufrieden zeigt, werden wir mit dem nächsten Geschenk fortfahren. Wenn nicht, werden der letzte Wille und das Testament aufgehoben und das Vermögen des

Red-Stevens-Fonds unter den anwesenden Erben, die Teil dieses Falls sind, anteilsmäßig aufgeteilt.

Die Verhandlung ist vertagt."

———— •◆• ————

Das Medieninteresse in den darauffolgenden Tagen wollte nicht abreißen und war beispiellos. Dumbly, Cheetham und Leech bekamen so viel Aufmerksamkeit, dass es für den Rest ihres Lebens reichen würde. Hamilton hingegen hatte wohl einen Platz gefunden, um sich vor den Medien zu verstecken. Ab und zu wurde auch über Jason Stevens geschrieben, allerdings war die Übereinstimmung mit der Wahrheit wohl fraglich. Offen gesagt tappten wir alle im Dunkeln.

Ich fragte mich in dieser Zeit, ob ich das Richtige getan hatte. Bezüglich Jason Stevens und noch viel wichtiger, bezüglich Red Stevens. War diese Aufgabe begründbar, und war sie überhaupt lösbar?

In den nächsten Wochen kümmerte ich mich um meine weiteren Fälle und versuchte, mich auf anderes zu konzentrieren.

Dann folgte der unvergessliche Tag. Wie gewöhnlich saß ich mit einer Tasse Kaffee in meinem Ledersessel, als der Morgen sich ankündigte und dann Realität wurde. Plötzlich entdeckte ich etwas, was ich bisher nicht wahrgenommen hatte. Normalerweise konnte man von meinem Fenster aus im Osten die Sonne aufgehen sehen, so wie es sein sollte. Außerdem sah man die verlassenen Gebäude und die heruntergekommenen Wohnungen. Man sah den verlassenen Platz, wo die Planierraupe ihre Spuren hinterlassen hatte, aber etwas – besser gesagt alles – war anders, sowohl gefühlt als auch tatsächlich.

Im Licht der Morgendämmerung bemerkte ich einen Sprossenzaun im texanischen Stil, der sich um den vorher verlassenen Block zog. Die Jugend aus der Nachbarschaft, sogar Mitglieder von Gangs, schwirrten überall herum und führten unterschiedlichste Aufgaben aus. Einige davon erschienen ganz klar, andere blieben mysteriös.

Als der Tag heranreifte, ließ die heraufsteigende Sonne Lastwagen erkennen, die allerlei Baustoffe und Material für einen Spielplatz anlieferten. Kaufleute, Geschäftsmänner und Anwohner standen in Gruppen um das Grundstück, und einige Fahrzeuge mit Fernsehtechnik näherten sich, um über die Ereignisse zu berichten.

Tief in mir regte sich ein Verdacht. Ich lächelte und begann in meinem privaten Büro laut zu lachen. Ich konnte es kaum noch erwarten, bis der Tag im Gerichtssaal beginnen und das Geheimnis gelüftet werden würde.

Ich begrüßte alle im Gerichtssaal Anwesenden, indem ich mit dem Gerichtshammer den Prozess eröffnete.

„Guten Morgen. In der heutigen Anhörung wird das Gericht eine Entscheidung darüber treffen, ob Jason Stevens die Aufgabe erfüllt hat und die Voraussetzung für den letzten Willen und das Testament von Howard ‚Red' Stevens erfüllt. Das Gericht bittet dazu Jason Stevens in den Zeugenstand."

Jason bewegte sich selbstbewusst auf die Zeugenbank zu, leistete feierlich den Schwur und setzte sich. Ich nickte Herrn Hamilton zu.

Hamilton saß entspannt hinter dem Tisch der Verteidigung, sah zu Jason auf und forderte ihn auf: „Jason, warum erzählen Sie den Anwesenden nicht einfach, was passiert ist."

Jason hielt inne, atmete tief ein und begann: „Nun, jedes Mal, wenn ich im letzten Monat hier ins Gericht kommen musste, musste ich an dem verlassenen Block am unteren Teil der Straße vorbeilaufen. Ich hörte immer wieder einige Menschen davon berichten, dass dort schon seit Langem – seit Jahren – ein Park gewünscht wird. Anscheinend gab es bereits Ausschreibungen, Spendenaktionen, Demonstrationen und Prozesse, aber nie ist irgendwas geschehen.

Mein Großvater lehrte mich, durch seine Worte und durch sein Leben, welch unglaubliches Potenzial eine Person mit Vision besitzt, die einfach willig ist zu arbeiten.

Als das Gericht vorigen Monat geschlossen wurde, ging ich hinüber zu dem verlassenen Stück Land und fand unter all dem Bauschutt einige alte, aber brauchbare Holzpfähle. Ich besorgte mir einiges Werkzeug, sägte die Holzpfähle in Stücke und begann das Einzige zu tun, was ich konnte. Schnell kamen Kinder, Jugendliche, Rentner und andere Menschen auf mich zu und fragten, was ich da tat. Und ich ließ alle wissen, dass hier ein wundervoller Park entstehen würde, wenn wir alle nur daran glaubten und einfach daran arbeiten. Ich erzählte ihnen, dass wir keine Regierung dazu bräuchten oder Anleihen oder Prozesse oder Demonstrationen. Wir bräuchten nur eine Vision und ein bisschen Arbeit.

Während ich weiterhin den Zaun errichtete, fingen einige Kinder an, die Umgebung aufzuräumen. Ortsansässige Unternehmer arrangierten, dass Gras angesät und Bäume gepflanzt wurden. Einige Bauunternehmer verwendeten bei anderen Projekten übrig gebliebenen Beton, um Gehsteige und Parkplätze zu gestalten. Und nun …"

Jason machte eine Pause und sah zu mir auf. „Euer Ehren, ich denke, wenn Sie hinübergehen würden, könnten Sie sehen, dass es dort nun einen Park gibt."

Im Gerichtssaal erhob sich Applaus. Ich griff nach meinen Gerichtshammer, um für Ruhe zu sorgen, entschloss mich aber, noch einen Moment zu warten, während der Applaus nicht abriss.

Ich lächelte Herrn Hamilton an und dann hinunter zu Jason, als ich sagte:

„Bitte halten Sie schriftlich fest, dass, nach Ansicht dieses Gerichts, Jason Stevens nicht nur sein Verständnis für das *Geschenk der Arbeit* gezeigt hat, sondern auch seine verblüffende Fähigkeit, dieses an andere weiterzugeben. Wir werden mit der Anhörung zum nächsten Geschenk, dem *Geschenk des Geldes*, morgen um 10.00 Uhr beginnen. Das Gericht ist vertagt."

KAPITEL IV

Das Leben des Geldes

Geld ist der Lohn für unsere Bemühungen und
das Feuerholz für unsere Träume.

Ich liebe es, einen flotten Spaziergang zu machen, einen wundervollen Sonnenaufgang zu beobachten oder das Ambiente eines ansprechenden Parks zu genießen. Am nächsten Morgen machte ich alle drei Dinge gleichzeitig. Und während man so die Sonne am Horizont schweben sieht, bekommt ein Tag irgendwie eine gefühlvollere Note. Meine geliebte Frau Marie teilt meine Liebe dafür, die Sonne am Horizont zu betrachten. Allerdings findet sie, dass der Sonnenuntergang viel besser zu ihrer inneren Uhr passt als der Sonnenaufgang.

Die Luft schien frisch und sauber an diesem Morgen im Park. Es war nicht irgendein Park. Ich spazierte im Howard ,Red' Stevens Stadtpark, wie ein Schild am Eingang stolz verkündete. Außerdem ließ dieses Schild alle wissen: „Dieser Park ist der harten Arbeit der Bewohner dieser Gemeinde gewidmet und zu verdanken."

Der Sonnenaufgang war aus der Perspektive dieses Parks ganz besonders reizvoll. Und er war nur einen Steinwurf vom Gerichtsgebäude entfernt. Ich konnte sogar die Reflektion des

Sonnenaufgangs in meinem Bürofenster sehen; trotzdem war ich sehr erstaunt darüber, wie ein Perspektivenwechsel die eigene Sicht auf die Welt völlig verändern konnte.

Sich stets an diese Tatsache zu erinnern, schien mir für einen Richter besonders wichtig zu sein, sowohl im übertragenen Sinne als auch im wahrsten Sinne des Wortes. Oft sind Richter gezwungen, das Gesetz und ihren Verstand anzuwenden, um zu einer Entscheidung zu gelangen, die genau das Gegenteil von dem ist, was ihr Herz entscheiden würde.

Ich machte es mir auf einer Parkbank gemütlich und beobachtete eine sehr sportliche junge Frau, die in einem eng anliegenden Sport-Outfit ihre Runden um den Block drehte, immer dicht gefolgt von ihrem Hund. Es war ein hübscher Labrador-Mischling. Als das Paar die offene Grünfläche gegenüber von mir erreicht hatte, hielten sie an, und es war offensichtlich, dass sie ihre Runde nun beendet hatten.

Die junge Dame holte einen Tennisball aus ihrem Rucksack, warf ihn auf die Wiese, und schon schoss der Hund los, jagte den Ball und brachte ihn zurück. Dies wiederholte sich noch ein paar Mal, während ich ihnen zusah. Dann griff sie in ihren Rucksack und holte noch ein paar mehr Tennisbälle heraus. Diesmal warf sie zwei Bälle. Ihr Hund war sehr geschickt, und es gelang ihm, beide Bälle in seinem Maul zu platzieren und zu seinem Frauchen zurückzubringen.

Aber nun warf sie vier Bälle. Eifrig jagte der Hund dem Haufen Tennisbälle hinterher. Er hüpfte freudig wie ein kleines Kind, da er nun vier Bälle zum Hinterherjagen hatte. Aber trotz größter Mühe gelang es ihm nicht, alle vier Tennisbälle auf einmal in sein Maul zu bekommen.

Und während ich dieser Szene aus der Ferne zusah, konnte ich nicht anders, als an den Stevens-Fall zu denken. In der Nacht hatte ich einige Nachrichtensendungen gesehen, die über Herrn Dumbly berichteten, der Red Stevens' Sohn Jack im Schlepptau hatte. Ich war geschockt darüber, dass Jack Stevens einige hundert Millionen geerbt hatte und dies irgendwie nicht genug war. Er riskierte alles, weil er noch mehr wollte.

Mit der Zeit wurde der Hund immer frustrierter, als er jedes Mal zwei Tennisbälle in sein Maul packte, diese aber wieder verlor, als er versuchte, einen dritten zu fassen.

Als ich mich von der Parkbank erhob und mich in Richtung Gerichtsgebäude aufmachte, war der Hund so frustriert, dass er zu jaulen begann, sich auf den Rücken drehte und die Läufe in die Luft streckte.

Als ich an ihm vorbeiging, musste ich lächeln und sagte laut: „Du erinnerst mich an einige Menschen, die ich kenne."

Er legte seinen Kopf schief und winselte mir zu. Irgendwie schien er diesen Vergleich wohl nicht zu mögen.

Ich winkte der jungen Dame und lächelte sie an. Auf ihren Hund zeigend sagte sie lachend: „Manchmal ist er nicht besonders helle."

Ich kicherte und antwortete: „Nun, das passiert sogar den Besten unter uns."

Heute Abend würde ich mit Marie in einem unserer Lieblingsrestaurants zu Abend essen. Und irgendwie hatte ich im Gefühl, dass sie die Geschichte der jungen Frau und ihrem Hund faszinieren würde. Aber zuerst hatte ich noch einen langen Tag im Gericht vor mir.

„Erhebt Euch", befahl Paul, mein Gerichtsdiener, feierlich, als ich die gewohnten drei Stufen hinaufstieg und auf dem Richterstuhl Platz nahm. Ich eröffnete den Prozesstag mit meinem Gerichtshammer und sortierte meine Gedanken.

Ich hoffte, dass die Anwälte der Familie Stevens den Richterspruch des gestrigen Tages ohne Einspruch akzeptieren würden, aber ich hatte wenig Hoffnung darauf.

„Euer Ehren", kündigte sich Dumbly an.

Ich sah ihn an und forschte: „Ja, was kann ich für Sie tun?" Und schon wurden meine Befürchtungen wahr.

Er antwortete: „Wir haben eine Reihe von Einsprüchen und Bedenken, die wir im Namen der Gerechtigkeit und der Schwere dieses Falls vorbringen müssen."

Ich nickte und ergab mich meinem Schicksal.

Er fuhr fort: „Euer Ehren, zuerst erheben wir Einspruch dagegen, dass Herrn Stevens' Ausflüchte in den Park als tatsächliche Arbeit gewertet werden, so wie es das *Geschenk der Arbeit* in Red Stevens Dokumenten verlangt. Jason Stevens erhielt für seine Bemühungen kein Geld oder eine andere Entlohnung; deshalb sind wir der Meinung, dass er weder Arbeit geleistet hat noch fähig ist, Red Stevens' Treuhandfonds so zu verwalten, dass andere das

Geschenk der Arbeit verstehen und anwenden können. Da dies aber Sinn und Zweck der Aufgabe ist und da kein Geld verdient wurde, sind Herrn Stevens' Bemühungen wertlos."

Herr Hamilton räusperte sich und warf spontan ein: „Euer Ehren, wenn es jemanden wertlos macht, sein Geld nicht durch Arbeit zu verdienen, dann müssten Herrn Dumblys Klienten in der Tat als wertlos befunden werden. Wir glauben, dass Red Stevens' Absichten eindeutig sind und dass Jason Stevens die Anforderungen des Testaments weit übertroffen hat."

Ich nickte Herrn Hamilton zu und gab zu verstehen: „Ich muss Ihnen zustimmen, Herr Hamilton."

Und zu Herrn Dumbly gewandt: „Einspruch abgelehnt."

Dumbly schlug die nächste Seite in seinen Unterlagen auf, die unendlich lang erschienen.

Er fuhr fort: „Euer Ehren, im Weiteren erheben wir Einspruch gegen die unerlaubten, unmoralischen und sogar illegalen Aktionen des Herrn Stevens, die er am Ende sogar als Stadtpark zu bezeichnen wagt."

Herr Dumbly betonte das Wort Stadtpark voller Abneigung und mit herablassender Stimme.

Meine Geduld näherte sich ihrem Ende. Ich zeigte mit meinem Hammer auf ihn und sagte: „Herr Dumbly, wenn Sie uns mit all dem etwas mitteilen möchten, kommen Sie bitte jetzt zum Punkt."

L. Myron Dumbly errötete leicht und räusperte sich. Er wusste, dass er sich auf sehr dünnem Eis befand, aber er fing sich wieder und legte los:

„Euer Ehren, Herr Jason Stevens hätte die erforderlichen Genehmigungen einholen, Sicherheitsbestimmungen und die Arbeitsrichtlinien, inklusive derer zur Kinderarbeit, einhalten müssen, um die Aktivitäten des letzten Monats angemessen auszuführen. Des Weiteren wurden sein Treuhandfonds und alle anderen Vermächtnisse eingefroren, und da Herr Hamilton im wahrsten Sinne des Wortes für eine Tasse Kaffee arbeitet, muss es offensichtlich einige finanzielle Unstimmigkeiten geben, wenn hier nicht sogar geradezu illegale Veruntreuungen mit im Spiel sind."

Theodore J. Hamilton räusperte sich deutlich und erhob sich schwerfällig zu voller Größe.

„Euer Ehren, bitte erlauben Sie mir, all die Ungereimtheiten zu erläutern, die nun im Raum stehen, hervorgerufen durch Herrn Dum..."

Abermals überkam Hamilton ein kurzer Anflug eines Hustens und er machte keine Anstalten, die zweite Silbe des Namens von Herrn Dumbly hinzuzufügen.

Dumbly schoss auf und schlug mit der Faust auf den Tisch.

„Euer Ehren, wie lange muss ich diese Demütigung noch ertragen?"

Hamilton sah Dumbly unschuldig an und sagte: „Ich bin derjenige, der den Husten ertragen muss. Müssen Sie irgendwelche Wehwehchen erdulden, Herr Rechtsanwalt?"

Dumblys Gesicht nahm sichtbar die Farbe des Sonnenaufgangs an, den ich so sehr liebte.

Hamilton erklärte würdevoll: „Wenn es dem Gericht gefällt, bitte ich Herrn Dumbly um Nachsicht für jegliche Belästigung durch mein fortgeschrittenes Alter."

Sofort schoss Dumbly zurück: „Wenn ich achtzig bin, verspreche ich, dass ich sicher keinem Menschen in einem Gerichtssaal auf den Keks gehen werde."

Hamilton lächelte genügsam und erklärte: „Herr Dumbly, ich glaube wir können uns alle darauf einigen, dass Sie nicht warten müssen, bis Sie achtzig sind, denn Sie haben uns Ihre enorme Fähigkeit, Menschen auf den Keks zu gehen, eindrücklich und ausreichend demonstriert."

Herr Dumblys Gesicht wurde noch eine Stufe röter, als er sich frustriert auf seinen Stuhl fallen ließ.

Ich sorgte mit meinem Gerichtshammer für Ordnung, und endlich wurde es wieder still im Gerichtssaal.

Hamilton ergriff das Wort: „Euer Ehren, ich hoffe, dass wir die Zeit des Gerichts nicht mit jedem kleinen Detail verschwenden müssen. Ich würde meine Hand dafür ins Feuer legen. Aber alle Baugenehmigungen, Arbeitsgenehmigungen und sonstige behördlichen Verwaltungsvorgänge sind in Ordnung und zeitgerecht eingereicht worden. Ich kann dies dem Gericht versichern, da alles schnell und zuverlässig von der Anwaltskanzlei Hamilton, Hamilton und Hamilton ausgeführt wurde."

Dumbly warf ein: „Und was ist mit dem Geld? Wo kamen all die Fördergelder her für diesen sogenannten Park?"

Hamilton erklärte mit einem breiten Lachen und funkelnden Augen: „Ja. Danke, dass Sie das Gericht darauf hinweisen und mich daran erinnern. Es gab wirklich eine großzügige Spende für den Fonds des Stadtparks."

Hamilton legte eine gewollte Pause ein, wühlte sich durch einen Stapel Papier, fand das Schriftstück, das er suchte, und fuhr fort, während er sich seine Lesebrille aufsetzte.

„Ja, hier haben wir es. Ein beurkundeter Brief, ordnungsgemäß unterschrieben und beglaubigt, zusammen mit einem Scheck, ausgestellt auf den Fonds der Gemeinde."

Dumbly unterbrach: „Euer Ehren, ich erhebe Einspruch. Würden Sie bitte den Verteidiger dazu veranlassen, die Quellen dieses Fonds offenzulegen?"

Hamilton fuhr entrüstet fort, nachdem er Dumbly einen erbosten Blick zugeworfen hatte: „Ich danke Ihnen. Ich wollte gerade dazu kommen, als ich von Ihnen unterbrochen wurde. Obwohl der Wohltäter wünscht, dass kein großes Aufsehen erhoben wird, und er am liebsten anonym bleiben würde, bekam ich die Genehmigung, vor dem Gericht offenzulegen, dass alle nötigen Ausgaben, um den Howard ‚Red' Stevens Stadtpark fertigzustellen, von einer neu gegründeten Organisation getragen werden."

Hamilton richtete seine Brille neu aus und schaute auf das Dokument, das er in Händen hielt.

„Diese neu formierte Organisation ist als die *Alpine Texas Vereinigung der Zaun-Bauunternehmer* bekannt. Euer Ehren, diese neu formierte Vereinigung wird von einigen Treuhändern und Dachorganisationen verwaltet. Aber ich kann dem Gericht versichern, dass die Organisation selbst und die Spenden für den Stadtpark legal und rechtmäßig abgewickelt wurden."

Dumbly ließ seinen Kopf auf den Tisch sinken. Die anderen Mitglieder von Dumbly, Cheetham und Leech schienen verblüfft und beunruhigt zu sein. Grummeln und Flüstern war aus den Reihen hinter den Anwälten, wo die Familie Stevens versammelt war, zu hören.

Ich ließ die Stille für ein paar Momente wirken, dann sagte ich:

„Nachdem ich keine weiteren Anregungen oder Einsprüche vernehmen kann, denke ich, dass wir nun mit der heutigen Anhörung fortfahren können. Heute werden wir in Bezug auf das Testament und den letzten Willen von Red Stevens alle Argumente hören, die Jason Stevens' Reaktion auf das *Geschenk des Geldes*, Teil des *ultimativen Geschenks*, betreffen. Und ebenso Jason Stevens' Fähigkeit beurteilen, das Geld in Red Stevens' Treuhandfonds so zu verwalten, dass es der Menschheit in Hinblick auf das *Geschenk des Geldes* dient."

Ich gab Hamilton das Zeichen.

Sogleich reagierte er. „Euer Ehren, wir sind überzeugt, dass Jason Stevens sich in Bezug auf das *Geschenk des Geldes* angemessen verhalten hat, und er ist deshalb dafür qualifiziert, den Fonds zu verwalten – so wie es Red Stevens in seinem letzten Willen und seinem Testament festgehalten hat."

Ich hatte gerade meinen Blick auf Dumbly gerichtet, als dieser schon zu sprechen begann: „Euer Ehren, wir rufen Jason Stevens in den Zeugenstand."

Als Jason auf der Zeugenbank Platz genommen hatte, informierte ich ihn und alle Anwesenden darüber, dass er sich im Zeugenstand befand und somit unter Eid stand, die Wahrheit zu sagen und nichts als die Wahrheit.

Dumbly begann: „Herr Stevens, haben Sie in Ihrem Leben jemals Geld verdient?"

Jason schüttelte langsam den Kopf.

Dumbly bohrte nach: „Bitte antworten Sie dem Gericht."

„Nein", erwiderte Jason.

„Haben Sie jemals Geld verwaltet oder investiert?", forschte Dumbly weiter.

„Nicht wirklich."

„Können Sie diesem Gericht dann bitte erklären, wie eine vernünftige Person Ihnen zutrauen sollte, eigenes Geld zu verdienen und zu verwalten? Erst recht, wenn es um einige Milliarden geht, die eigentlich rechtmäßig meinen Klienten gehören sollten."

Dumbly zeigte auf die versammelte Verwandtschaft auf seiner Seite des Saals.

Als Jason keine Antwort gab, zuckte Dumbly mit den Schultern und kommentierte: „Nun, ich denke, wir haben unsere Antwort. Keine weiteren Fragen."

Hamilton näherte sich Jason. „Jason, wurde Ihnen nicht im Auftrag Ihres Großvaters ein bestimmter Geldbetrag ausgehändigt, nachdem Sie einen Monat lang in Texas für Gus Caldwell einen Zaun errichtet haben?"

Jason antwortete: „Ja, ich denke, es wären so um die 1500 Dollar gewesen, die ich in meiner Zeit auf der Farm verdient hätte, deshalb gab man mir diese Summe und trug mir auf, Menschen zu finden, deren Leben ich mit diesem Geld verändern könne."

Hamilton nickte und sagte: „Was haben Sie dann getan?"

Jason blickte irgendwo in die Weite, als ob er sich an eine andere Zeit und an einen anderen Ort erinnern wollte. Und dann erzählte er, wie aus entfernter Erinnerung:

„Nun, zuerst traf ich auf eine Gruppe junger Pfadfinder, denen noch 200 Dollar fehlten, um auf ein großes Fest fahren zu können. Dann begegnete ich einer jungen Frau mit einem Baby, deren Wagen gepfändet werden sollte, und ich gab ihr 400 Dollar, um ihr Auto abzubezahlen. Als Nächstes fand ich eine junge Familie im Spielzeuggeschäft. Die Eltern erklärten ihren Kindern, dass Weihnachten in diesem Jahr ausfallen würde. Und als die Kinder gerade in einer anderen Abteilung waren, gab ich den Eltern 300 Dollar, damit das Christkind auch zu ihnen kommen würde. Schließlich fand ich noch eine alte Dame, die weinend auf einer Parkbank saß. Sie hatte kein Geld mehr, um Medizin für ihren herzkranken Mann zu kaufen."

Jason hielt inne und sah mich an. Er hatte Tränen in den Augen.

„Sie waren bereits 57 Jahre verheiratet, und sie erzählte mir, dass sie in all den Jahren nie eine Rechnung aufgeschoben hatten. Ich gab ihr 200 Dollar, damit sie für drei Monate Medizin kaufen konnte, und mit den restlichen 20 Dollar könnte sie ihren Mann zum Essen einladen. Und zu guter Letzt entdeckte ich einen Pannenwagen am

Straßenrand und traf so auf Brian. Er brauchte sein Auto, um zur Arbeit zu kommen, anders würde er seinen Arbeitsplatz verlieren. Deshalb gab ich ihm die 700 Dollar für die notwendige Reparatur."

Hamilton lächelte, als ob er voller Stolz seinen eigenen Sohn ansehen würde. Dann sah er zu mir: „Ich denke, dies erfüllt die Bedienungen und Anordnungen von Red Stevens' letztem Willen."

Dumbly sprang sofort auf: „Euer Ehren, wir erheben Einspruch."

Er wedelte mit einem kleinen Zettel in seiner linken Hand. Ein Angestellter der Firma Dumbly, Cheetham und Leech hatte einen Taschenrechner vor sich und zuvor etwas auf dem Zettel notiert.

Dumbly wollte nicht so leicht aufgeben und grinste Hamilton süffisant ins Gesicht: „Euer Klient hatte den Auftrag, 1500 Dollar zu vergeben, aber er behauptete, 1800 Dollar verschenkt zu haben. Dies verdeutlicht, dass Jason Stevens nicht richtig mit Geld umgehen kann und noch viel weniger mit den Milliarden, die rechtmäßig meinen Klienten zustehen."

Ich blickte zu Hamilton.

Der antwortete: „Jason, können Sie uns bitte die Abweichung erklären?"

Jason wirkte verloren und sprach: „Nun, er brauchte sein Auto wirklich, und dafür brauchte er die 700 Dollar."

Hamilton fuhr fort: „Woher kamen dann die 300 Dollar?"

Jason schien nervös, aber er sagte mit Nachdruck: „Ich habe die 300 Dollar von meinem eigenen Geld genommen."

Da platzte es wieder aus Dumbly heraus: „Ich erhebe Einspruch. Offensichtlich erfüllt dies nicht die Anforderungen von Red Stevens. Er sollte 1500 Dollar verteilen und dadurch zeigen, dass er ein guter Verwalter des Geldes sein kann. Ich finde nicht, dass er dies erfüllt hat."

Ich benutzte meinen Gerichtshammer und urteilte: „Nun, ich finde, dass er sowohl die dahinter steckende Absicht als auch das geschriebene Wort erfüllt hat. Und wenn Jason Stevens in den nächsten 30 Tagen zeigen kann, dass er das *Geschenk des Geldes* auch an andere weitergeben kann, ist dieser Teil ordnungsgemäß abgeschlossen. Das Gericht ist vertagt."

Zurück in meinem Büro sprach Red Stevens über DVD zu mir, genauso, wie er zu Jason über das *Geschenk des Geldes* gesprochen hatte.

„Jason, heute werden wir über etwas sprechen, was meiner Meinung nach wirklich eines der am meisten falsch verstanden Dinge der Welt ist. Und das ist – Geld. Es gibt nichts, was Geld als Tauschmittel ersetzen könnte. Aber in Anbetracht der restlichen Dinge in der Welt ist Geld absolut nutzlos.

Zum Beispiel kann alles Geld der Welt deinem Leben nicht einen einzigen Tag hinzufügen. Deshalb siehst du dir gerade dieses Video an. Und es ist wichtig zu erkennen, dass Geld dich nicht glücklich macht. Aber ich möchte auch schnell hinzufügen, dass Armut auch nicht glücklich macht. Ich war reich, ich war arm – und wenn alle anderen Umstände gleich sind: Reich ist besser.

Jason, du hast keine Ahnung oder Vorstellung von der Wertigkeit des Geldes. Das ist nicht deine Schuld, es ist meine Schuld. Aber ich hoffe, dass du in den nächsten 30 Tagen beginnst zu verstehen, was Geld im Leben echter Menschen in der Welt bedeutet. Es entstehen mehr Gewalt, Angst, Scheidungen und Misstrauen dadurch, dass man Geld falsch versteht, als durch irgendetwas anderes. Diese Vorstellungen sind dir fremd, weil das Geld für dich immer wie die Luft zum Atmen war. Es gibt immer noch mehr. Alles, was du tun musst, ist, den nächsten Atemzug zu tun.

Ich weiß, dass du immer mit Geld angegeben und es gedankenlos ausgegeben hast. Ich übernehme dafür die Verantwortung, denn ich habe dir vorenthalten, den klaren Zusammenhang zwischen Arbeit und Geld zu erkennen."

Sie standen alle in einer Reihe an der Wand, Schulter an Schulter, im gesamten hinteren Teil des Gerichtssaals. Sie standen auf jeder Seite des Raumes, aufgereiht von vorne bis nach hinten. Alle drei Seiten wurden von ganz unterschiedlichen jungen Damen ausgefüllt.

Der Monat war schnell vergangen, seit ich Jason Stevens hinausgeschickt hatte, sich selbst in Bezug auf das *Geschenk des Geldes* zu beweisen. Ich sorgte für Ruhe im Saal und war, wie jede andere Person auch, neugierig darauf zu erfahren, was die jungen Damen zu bedeuten hatten. Aber bevor ich dem nachgehen konnte, ergriff Dumbly, wie vorherzusehen war, das Wort.

„Euer Ehren, ich erhebe Einspruch. Was für ein ungewöhnliches Schauspiel oder Ablenkungsmanöver soll das von dem Verteidiger sein?" Dumbly zeigte auf die Menschen im ganzen Saal. „Meine Klienten und ich bitten darum, die Bedeutung dessen zu erfahren."

Ich zuckte mit den Schultern und erwiderte: „Ich würde auch gern erfahren, was das zu bedeuten hat."

Hamilton kicherte und sagte: „Euer Ehren, ich kenne die Bedeutung und denke, dass Euch am besten mein Klient selbst darüber unterrichtet."

Jason begab sich in den Zeugenstand, und Hamilton näherte sich ihm: „Jason, möchten Sie die Anwesenden bitte darüber informieren, was die Versammlung junger Damen zu bedeuten hat?"

Jason lächelte schüchtern und erwiderte: „Ich habe sie nicht gebeten zu kommen."

Da unterbrach Dumbly: „Euer Ehren, sollen wir etwa glauben, dass Jason mit all diesen Menschen nichts zu tun hat?"

Jason fuhr fort und sah mich dabei an: „Nun, ich weiß, wer sie sind, und ich weiß, warum sie hier sind, aber ich habe sie nicht gebeten zu kommen."

Hamilton ermutigte Jason: „Können Sie uns dann erzählen, wer die Damen sind?"

Jason sah die jungen Frauen an und begann: „Ich hörte in den Nachrichten, dass alleinerziehende Mütter in unserer heutigen Gesellschaft zu der am wenigsten privilegierten Schicht gehörten. Also suchte ich gezielt nach wenig verdienenden Menschen – in Kindertagesstätten, Schulen, Gemeindezentren und staatlich geförderten Wohnstätten – und fand einige alleinerziehende Mütter.

Ich fragte sie nach ihren speziellen Nöten und …" Jason schien eine Weile nach den richtigen Worten zu suchen.

„Nun, ich denke wir haben eine Art Maßnahmenprogramm zusammengestellt."

Hamilton lächelte und forschte: „Können Sie uns über dieses Programm berichten?"

Jason erzählte weiter: „Nun, das erste und größte Problem schien darin zu liegen, dass jede Mutter viel Geld dafür aufbringen musste, ihre Kinder in Tagesstätten unterzubringen. Und sie hatten zu wenig Zeit für ihre Kinder. Also gründeten wir eine Art Tagesmütter-Kooperation. Hierbei passt eine Mutter auf die Kinder einer anderen Mutter auf, während diese arbeiten geht. Sie wechselten sich jeweils bei den Tagesschichten, Nachtschichten und Wochenenden ab. So hatten sie die Möglichkeit, mehr Zeit mit ihren Kindern zu verbringen und gleichzeitig viel Geld bei der Kinderbetreuung einzusparen."

Hamilton nickte Jason ermutigend zu. „Als Nächstes arbeiteten wir daran, dass sie alle Zulassungen, nötigen Dokumente für das Betreuungsrecht und alles andere, was alleinerziehende Mütter brauchen, erhielten. Wir halfen ihnen dabei, hoch verzinste Kreditkartenschulden auf niedriger verzinste Kreditkarten umzuschulden, und viele konnten ihre Kreditkartenschulden vollständig tilgen. Dann boten wir ihnen Finanzseminare an, die von ortsansässigen Experten durchgeführt wurden, und halfen ihnen dabei, ihr Geld gut zu verwalten. So gelingt es den Frauen, sowohl beruflich als auch privat mit ihrem Leben weiterzukommen."

Hamilton strahlte. Er zeigte Jason seinen erhobenen Daumen und drehte sich dann zu Dumbly: „Ihre Zeuge."

Dumbly stolzierte zu Jason hinüber, der sich defensiv in seinen Sitz zurücklehnte. Dann ging Dumbly zum Angriff über. „Herr Stevens, was um alles in der Welt qualifiziert Sie dazu, diese jungen Frauen oder irgendeine andere Person bei rechtlichen Angelegenheiten, Problemen mit Krediten oder der Finanzplanung zu beraten?"

Jason zuckte mit den Schultern und sagte: „Ganz ehrlich – nichts. Herr Watkins und Frau Hastings haben dabei geholfen."

Jason nickte in ihre Richtung aufseiten der Verteidigung.

Dumbly sah mich wütend an und erklärte: „Euer Ehren, Jason Stevens hat niemanden in Bezug auf Geld geholfen. Er hat andere dazu gebracht, das für ihn zu erledigen. Er ist ganz einfach nicht dazu berechtigt …"

Mein Gerichtshammer unterbrach Dumbly.

„Herr Dumbly, es ist schon lange gesellschaftlich anerkannt, dass Menschen, die eine komplexe oder spezifische Aufgabe zu lösen haben, sich den Rat anderer zu Hilfe holen. Deshalb existiert auch eine Firma wie Dumbly, Cheetham und Leech."

Ich blickte auf die vielen jungen Frauen in meinem Gerichtssaal. Sie waren alle gepflegt und ordentlich gekleidet, und trotzdem hatten ihre gesamten Kleider wohl nicht den Wert, den ein einziges Outfit der Familie Stevens, die hinter Dumbly saß, hatte. Aber die Frauen strahlten irgendwie eine bestimmte Art von Stolz und Würde aus, die ich nicht weiter beschreiben konnte. Vielleicht war es auch einfach Hoffnung.

Ich sah zu meinem Gerichtsschreiber Scott hinunter und verkündete: „Bitte vermerken Sie, dass Herr Stevens vor diesem Gericht ordnungsgemäß und sogar bewundernswert alle Anforderungen in Bezug auf das *Geschenk des Geldes* erfüllt hat."

Herzliche Beifallsrufe ertönten von allen Seiten des Gerichtssaals. Und irgendetwas hielt mich davon ab, für Ruhe zu sorgen.

Ich sah abwechselnd zu Hamilton und Dumbly und erklärte: „Meine Herren, morgen beginnt ein weiterer Tag. Das Gericht ist vertagt."

KAPITEL V

Das Leben der Freundschaft

Niemand, der einen Freund hat,
kann als Versager bezeichnet werden.

Und niemand kann als erfolgreich bezeichnet werden,
der keinen Freund hat.

Ich hatte gehofft, dass der Medienrummel abklingen würde. Aber ganz im Gegenteil dazu stieg er weiter an. Die Bilder der jungen Damen, die meinen Gerichtssaal bevölkert hatten, waren überall im Fernsehen und in der Presse zu sehen.

Inzwischen hatte ich nach einem Präzedenzfall für diesen Prozess gesucht. Aber leider gab es keinen, und ich hatte die ungewisse Ehre, rechtliches Neuland zu betreten.

Einer meiner nächtlichen Lieblingsnachrichtensender berichtete gerade über Dumbly und Red Stevens' jüngsten Sohn, Bill. Und bevor ich umschalten konnte, erregte dieser Bericht meine Aufmerksamkeit.

Zuerst erklärte Bill unschuldig, dass es in diesem Fall nicht um Geld gehen würde. Neben Sätzen wie „Der Scheck ist unterwegs" oder „Ich bin Politiker und werde Ihnen helfen" ist der Satz „Es geht nicht ums Geld" wohl auch ganz weit oben auf der Liste der Lügen.

Mehr als 40 Jahre Erfahrung auf dem Richterstuhl haben mich gelehrt: Es geht immer ums Geld.

Der Journalist verpasste leider die Gelegenheit, Bill weiter über das Thema Geld zu befragen, und so lästerte Bill darüber, was für eine wertlose und verantwortungslose Person Jason Stevens sein ganzes Leben lang gewesen war und darüber, dass der Rest der Familie nur deshalb gezwungen war, ihn vor Gericht zu zerren, um das rechtmäßige Erbe zu erhalten.

Bill erklärte: „Mein geliebter Vater gab sich große Mühe, ein Vermögen aufzubauen. Deshalb kann man es einfach nicht zulassen, dass den rechtmäßigen Erben der Pflichtteil entzogen und jemandem wie Jason überlassen wird. Da ist es egal, wie viel Zeit und Geld wir aufwenden werden müssen, um diese Ungerechtigkeit zu unterbinden."

Der Journalist fragte: „Bill, beunruhigt es Sie, dass Sie die ersten beiden Phasen des zwölfstufigen Prozesses verloren haben?"

Bill winkte gleichgültig mit der Hand und witzelte: „Nein, das ist nicht der Rede wert, weil wir zwölf Hürden haben. Jason und sein alter Anwalt müssen alle zwölf Hürden meistern, um zu gewinnen. Wir, die rechtmäßigen Erben, müssen nur eine Hürde gewinnen, um unser Erbe zu erhalten."

Als die Sendung sich ihrem Ende näherte, fragte der Journalist noch: „Herr Stevens, finden Sie es besorgniserregend, dass Sie nicht nur Jasons Stevens' Anteil nicht bekommen werden, sondern auch alles andere, was Sie geerbt haben, verlieren werden, sollten Sie den Fall verlieren? Würde das Sie und Ihre Familie nicht mittellos machen?"

Bill lächelte nervös. Die Hitze der TV-Lichter schien ihm genau in diesem Moment zum Schwitzen zu bringen. Er räusperte sich und stammelte: „Wir sind sehr zuversichtlich, dass die Hilfe unseres erfahrenen Herrn Dumbly dazu führen wird, dass die Gerechtigkeit siegt."

Die Titelmusik der Sendung begann zu spielen und beendete damit das Programm. Das Interview erinnerte mich daran, dass wir in der Tat noch einen sehr langen Weg mit vielen möglichen Stolpersteinen vor uns hatten. Und Jasons Position erinnerte mich daran, dass der Jäger viele Fehler machen kann, aber der Gejagte nur einen einzigen.

Meine Gerichtsdiener, Jim und Paul, hielten mich im Korridor auf. Und sogleich begann Jim: „Es tut uns leid."

Man sah mir wohl an, dass ich nicht verstand, worum es geht, daher erklärte Paul: „Wir hätten etwas tun sollen, als all diese jungen Frauen in den Gerichtssaal traten, oder zumindest hätten wir Sie informieren müssen."

Ich klopfte beiden auf die Schulter: „Meine Herren, dies ist ein öffentliches Gebäude und ein offener Prozess. Es sind keine Erklärungen notwendig."

Ich lachte, während ich meine Gedanken äußerte: „Irgendwie habe ich das Gefühl, dass die Atmosphäre heute weniger energiegeladen sein wird."

Und in der Tat war die Reihe junger Damen nicht mehr anwesend, obwohl der Gerichtssaal voll war, als ich diesen betrat und meinen Platz einnahm. Aber den Anblick würde ich nicht so schnell vergessen.

Ich klopfte mit meinem Hammer, atmete tief durch und begann: „Heute werden wir uns dem *Geschenk der Freundschaft* zuwenden."

Ich sah Theodore J. Hamilton an und erkundigte mich: „Verteidigung, sind Sie bereit?"

Ich lächelte und dachte mir: Theodore J. Hamilton zu fragen, ob er bereit sei, gleicht, einen hungrigen Löwen danach zu fragen, ob er gerne essen würde.

Hamilton nickte einfach, und Jason begab sich abermals in den Zeugenstand.

Hamilton forschte: „Jason, würden Sie dem Gericht bitte erklären, was Sie von Ihrem Großvater über Freundschaft gelernt haben?"

Jason befeuchtete seine Lippen, holte Luft und fing an: „Ich habe die richtige Definition für einen Freund oder die Tiefe einer Freundschaft nie wirklich begriffen. Bis mir mein Großvater das *Geschenk der Freundschaft* gab."

Jason schien seine Gedanken zu ordnen, als Hamilton ihn zunickend aufforderte fortzufahren.

„Ich denke, ein Freund ist jemand, auf den man sich verlassen kann, egal was passiert. Er lobt deine guten Taten – und er akzeptiert deine schlechten Taten."

Hamilton forschte weiter: „In dem Monat, als Red Stevens Ihnen das *Geschenk des Geldes* beibrachte, sind Sie einer Person begegnet, die Sie zuvor nicht kannten, und Sie wurden Freunde."

Jason nickte und bejahte.

„Sind Sie immer noch Freunde?", fuhr Hamilton fort. Wieder nickte Jason und fügte hinzu: „Ja. Wir sprechen nicht so oft miteinander, wie wir es uns wünschen würden, aber wir sind Freunde."

Hamilton sah zu mir auf. „Euer Ehren, ich glaube, dies erfüllt alles, was Red Stevens mit dem *Geschenk der Freundschaft* bezwecken wollte. Es gibt einfach nichts weiter, was von einer Freundschaft verlangt wird."

Hamilton setzte sich wieder, als Dumbly sich erhob. „Euer Ehren, darf ich fortfahren?"

Ich nickte und ließ die unvermeidbare Situation geschehen. Dumbly begann: „Wir haben einige Fragen. Jason, wie Sie berichtet haben, haben Sie einen jungen Mann namens Brian getroffen, als Sie das *Geschenk des Geldes* demonstrieren sollten."

Jason nickte und antwortete: „Das ist korrekt."

Dumbly lächelte verschwörerisch. „Würden Sie dem Gericht bitte beschreiben, unter welchen Umständen Sie Brian begegnet sind und wie Sie Freunde wurden?"

Jason zuckte kurz und beschrieb: „Ich fuhr gerade von Hamiltons Büro weg, nachdem ich die Botschaft gesehen hatte, die mir mein Großvater über das *Geschenk des Geldes* gegeben hatte. Seine Worte und Beispiele haben mich wirklich bewegt. Dann bemerkte ich ein Auto, das am Straßenrand stand. Ich blieb stehen, und so habe ich Brian getroffen. Ich habe ihm geholfen, einen neuen Motor zu bekommen, und wir begannen über alles Mögliche zu sprechen und gemeinsam etwas zu unternehmen. Und heute sind wir Freunde."

Herr Dumbly lachte laut und sagte: „Lassen Sie es mich auf den Punkt bringen. Sie fanden jemanden, der eine Autopanne hatte. Sie kauften dieser Person einen neuen Motor, und Sie denken, damit haben Sie einen neuen Freund."

Jason nickte und sah Dumbly direkt an, als er erwiderte: „Ja, das glaube ich."

Dumbly bohrte nach: „Jason, hatten Sie in Ihrem Leben jemals einen Freund, dem Sie nicht das Geld Ihres Großvaters gegeben haben oder Dinge gekauft haben?"

Jason sagte: „Nun, da wäre Emily."

Dumbly fragte ehrerbietig: „Meinen Sie damit die Tochter Ihrer Verlobten?"

Jason erwiderte: „Ja."

Dumbly sah erst mich und dann Alexia an, die auf der Seite der Verteidigung saß. „Bei allem Respekt, ich denke, dies würde eher als Familienbeziehung gelten."

Dumbly wechselte das Thema wie ein Chamäleon die Farbe. „Kommen wir also zurück zu meiner Frage, Jason. Hatten Sie in Ihrem Leben jemals einen Freund, dem Sie nicht das Geld Ihres Großvaters gaben oder Geschenke kauften?"

Jason schien sich an die Vergangenheit zu erinnern und schüttelte dann seinen Kopf: „Nein, dank meines Großvaters hatte ich immer sehr viel Geld, also kaufte ich ständig Sachen und half meinen Freunden."

„Und genauso haben Sie Brian getroffen?", fragte Dumbly.

Jason gab zu: „Naja, ich denke schon."

Dumbly schoss sofort zurück: „Wie viele dieser Freunde haben Sie getroffen oder wie viele von ihnen haben den Kontakt mit Ihnen gesucht, seit alles Kapital Ihres Großvaters eingefroren wurde?"

Jason sah zu Boden und sagte: „Nun, eigentlich niemand."

Dumbly triumphierte und erklärte: „Der Zeuge ist entlassen. Euer Ehren, jeder würde sich wie ein Freund verhalten, solange man ihm Geld gibt, Ausgaben bezahlt und Geschenke macht. Dies ist weder die Definition für Freundschaft, noch erfüllt es die Kriterien für den letzten Willen und das Testament Red Stevens'."

Da griff Hamilton ein: „Euer Ehren, wir erheben Einspruch gegen die Annahme, dass Geld, oder Geld zu teilen, alle nötigen Elemente für eine wahre, andauernde Freundschaft auflöst. Man kann sich mit Geld Freundschaft nicht kaufen, noch wird eine Freundschaft einfach dadurch aufgelöst, dass man teilt, was man hat."

Ich war hin- und hergerissen. Sowohl Hamilton als auch Dumbly hatten wichtige Punkte aufgezeigt. Die Beweisführung war nicht so eindeutig, wie sie im *Geschenk der Arbeit* oder im *Geschenk des Geldes* gewesen war.

Ich atmete tief durch, um mir Zeit zu verschaffen, und dann erinnerte ich mich an die Worte des alten Richters Eldridge: Triff niemals eine Entscheidung, wenn du nicht musst.

Ich lächelte, dankte meinem Mentor gedanklich zum tausendsten Mal und verkündete: „Zum jetzigen Zeitpunkt ist vor Gericht nicht eindeutig bewiesen, dass Jason Stevens das *Geschenk der Freundschaft* verinnerlicht hat."

Sofort ertönten Rufe und begeisterte Pfiffe aus den Reihen der Stevens'. Gnadenlos mahnte ich mit meinem Gerichtshammer zur Ordnung und sah sie an, bis die Ruhe wiederhergestellt war.

Ich knurrte: „Herr Dumbly, bitte informieren Sie Ihre Klienten darüber, dass Sie sich in diesem Gericht ordentlich zu benehmen haben. Wir sind hier nicht im Fußballstadion."

Ich ließ die Stille wirken, bevor ich wieder das Wort aufnahm: „Auf der anderen Seite findet das Gericht auch keinen ausschlaggebenden Beweis dafür, dass die durch Jason entstandenen Freundschaften nicht rechtmäßig wären. Deshalb enthält sich das Gericht der Entscheidung und hofft, dass der Beweis in 30 Tagen eindeutiger ausfällt, wenn Herr Stevens zeigen wird, dass er nicht nur Freundschaften schließen kann, sondern auch das *Geschenk der Freundschaft* an andere weitergeben kann. Das Gericht ist vertagt."

In meinem Büro sah ich mir die vielen Fotos an der Wand an. Es gab Fotos von meiner Zeit als Student und einige Fotos mit Kollegen und Partnern. Ich fragte mich, wie viele, wenn überhaupt jemand, dieser Menschen die Kriterien für eine Freundschaft erfüllen würden. Ich hoffte auf Klarheit und Inspiration, als ich die DVD mit der Aufschrift *„Das Geschenk der Freundschaft"* abspielte.

Red Stevens schien spürbar präsent zu sein, so, als ob er ständig da gewesen war und immer da sein würde. Er sprach: „*Freund* ist ein Wort, das von den Menschen, die seine Bedeutung nicht verstehen, viel zu leichtfertig gebraucht wird. Heutzutage nennen die Menschen all die Menschen Freunde, die sie kennen. Junger Mann, du bist ein Glückspilz, wenn du so lange wie ich lebst und deine wahren Freunde an den Fingern deiner beiden Hände abzählen kannst.

Jason, ich werde dir jetzt eine Geschichte mitteilen, von der ich versprochen habe, dass ich Zeit meines Lebens nie darüber sprechen werde. Und weil du dies siehst, nachdem ich gestorben bin, und derjenige, dem ich dieses Versprechen gab, anwesend ist, fühle ich mich wohl dabei, dieses Erlebnis zu erzählen. Wie du weißt, feierte ich mehr als 75 Geburtstage und genoss – wie die meisten es nennen würden – ein langes, gesundes Leben. Aber das war nicht immer so.

Ich erinnere mich daran, wie ich mit gerade 48 Jahren mit hohem Fieber ins Krankenhaus eingeliefert wurde. Die Ärzte wussten damals nicht, was ich hatte, sodass sie jeden Spezialisten aus dem ganzen Land einfliegen ließen. Schließlich bekam ich die Diagnose einer sehr seltenen Nierenkrankheit, die unheilbar war. Die einzige Chance, die sie mir gaben, war eine neue Methode: eine Nierentransplantation.

Du musst bedenken, dass zu dieser Zeit noch niemand davon gehört hatte und Organspender noch nicht so einfach verfügbar waren wie heute. Ich rief daraufhin Herrn Hamilton an, der schon damals als mein Anwalt fungierte, und sagte ihm, dass wir eine nationale Suche nach einer Niere starten müssten. Ich hatte damals wirklich Angst, weil die Spezialisten mir erklärten, dass mir ohne eine Transplantation nur noch wenige Wochen bleiben würden. Du kannst dir vorstellen, wie erleichtert ich war, als mich Herr Hamilton zwei Tage später anrief und mir erzählte, dass sie eine Niere an der Ostküste gefunden hätten.

Nun, ich bin mir sicher, du hast es bereits erraten: Die Operation war erfolgreich und schenkte mir fast die Hälfte meines Lebens. Im Weiteren bin ich sicher, dass du nicht vermutet hast und was bis jetzt niemand wusste: Diese Niere, die Herr Hamilton gefunden hatte, war seine eigene.

Es gibt nur ein einziges Wort auf dieser Welt, um ein solches Verhalten zu beschreiben: Freundschaft."

Ich lehnte mich in meinem gewohnten Sessel zurück und war tief bewegt. Ich dachte an all die Emotionen, die auftauchen würden, wenn ich jemandem meine Niere spenden würde. Und ich dachte auch darüber nach, wie es ist, eine so tiefe Freundschaft zu führen, dass mir dieser Freund seine Niere schenken würde.

Das Bild verfolgte mich. Ich fragte mich gerade, ob es in meinem Leben eine solche Person gibt, als das Telefon auf meinem Schreibtisch klingelte.

Ich hatte Anweisung gegeben, keine Telefonate durchzustellen, daher wusste ich, wer es war. Also ging ich ans Telefon und sagte: „Hallo Marie", und da wusste ich ohne Zweifel, dass ich eine solche Person in meinem Leben hatte. Und sie hatte auch jemanden. Ich würde weiter über das *Geschenk der Freundschaft* nachdenken, aber ich wusste, dass ich zu allererst und für immer dankbar dafür sein würde, dass ich meinen besten Freund gefunden und diese Person gebeten hatte, mich zu heiraten.

Der Monat verflog, und schließlich fand ich mich wieder im Gericht und befasste mich mit dem Fall.

Als ich im Gericht für Ruhe gesorgt hatte, blickte ich Theodore J. Hamilton eindringlich an und konnte meine Gedanken nicht von der Geschichte abwenden, die Red Stevens erzählt hatte. Ich habe Theodore J. Hamilton immer für einen exzellenten Anwalt gehalten. Nun wusste ich, dass er auch ein unvergleichlicher Freund war. Er sah mir ebenfalls tief in die Augen, und irgendwie wusste ich, dass er sich bewusst war, dass ich das *Geschenk der Freundschaft* kannte, das er mit Red Stevens geteilt hatte. Ich nicke ihm zum Gruß, er lächelte und blinzelte mir dabei zu.

Ich gab ihm das Zeichen, um zu beginnen. Jason nahm seinen bereits gewohnten Platz auf der Zeugenbank ein, und Theodore J. Hamilton verlor keine Zeit.

„Jason, im letzten Monat hatten Sie die Gelegenheit, Ihre Fähigkeit zu entdecken und zu beweisen, dass Sie die Freundschaft nicht nur verstanden haben, sondern auch an andere weitergeben können. Bitte teilen Sie uns Ihre Erfahrungen mit."

Jason nickte, räusperte sich und begann: „Als ich letzten Monat das Gericht verließ, wusste ich nicht genau, was ich tun sollte, da Herr Dumbly Menschen, die wissen, dass man Geld hat, nicht als Freunde sieht. Aber aufgrund der ganzen Berichterstattung in den Medien über diesen Prozess kennt mich einfach jeder.

Dann erinnerte ich mich an einen jungen Mann, den ich letztes Jahr getroffen hatte. Sein Name ist David Reese. David ist ein Blinder, den ich während des *Geschenks des Lachens* kennenlernen durfte. Ich hatte gehört, dass David an einer Schule für Blinde auf der anderen Seite der Stadt unterrichtete. Ich rief ihn an, und er erzählte mir, dass er gerade erst erblindete Menschen oder Neulinge

81

an der Schule unterrichtet. Ich erzählte David davon, dass ich nach einer Gruppe Menschen suchte, die das *Geschenk der Freundschaft* erörtern wollten, und David fand sofort, dass dieses Thema gut zu seiner Klasse passte."

Jason sah Hamilton an, um sich Zustimmung zu holen, aber Hamilton sah gerade auf seine Notizen. Frau Hastings, die neben Hamilton saß, lächelte dafür Jason engelhaft an, und Jason fuhr zuversichtlich fort.

„Nun, da all diese Menschen blind waren, würden sie mich nicht aus dem Fernsehen kennen, und sie würden nicht wissen, dass ich reich bin. So ging ich also in die Klasse und erzählte, nachdem David mich vorgestellt hatte, etwa 25 blinden Menschen, dass es für mich unvorstellbar war, diese Neuanpassung durchzumachen, wie sie es gerade taten. Und dass ich ihre Bemühungen wirklich sehr bewunderte. Außerdem erzählte ich ihnen, dass ich alle meine Freunde um mich haben und brauchen würde, wenn ich so etwas erleben müsste.

Sie stimmten mir alle zu, aber einige von ihnen berichteten, dass viele ihrer Freunde sie verlassen hatten, nachdem sie erblindeten. Sie dachten, dass es einfach daran liegen würde, dass viele Menschen sich unwohl fühlten und nicht wussten, wie sie mit ihnen umgehen sollten. Daraufhin sprachen wir darüber, was sie von Freunden brauchen würden und was jeder von ihnen in eine Freundschaft einbringen könnte. An diesem Tag habe ich einige Menschen kennengelernt, die hoffentlich zu meinen zukünftigen Freunden gehören werden.

Eines, worüber wir uns alle klar wurden, war: Um einen Freund zu haben, muss man zuerst selbst ein Freund sein. Ich suchte fieberhaft nach einem Weg, wie diese Menschen Kontakt zu anderen bekommen und Freundschaften schließen konnten. Dann erinnerte ich mich an das Seniorenheim, an dem ich auf meiner Fahrt zur Blindenschule vorbeigekommen war. Ich erzählte ihnen also, dass es dort sehr viele Menschen geben müsste, die sich über jeden Anruf freuen würden. Einige dieser Telefonate würden einfach eine Ermutigung sein, und andere wieder würden in einer Freundschaft enden."

Jason griff in seine Jackentasche und holte einige Schriftstücke heraus. Er sah mich fragend an.

„Euer Ehren, ich bin mir nicht sicher, wem ich das geben soll. Aber dies ist eine Liste mit all den Menschen, die inzwischen regelmäßig miteinander telefonieren, und einige Briefe von älteren Menschen, die beschreiben, wie diese neuen Freundschaften ihr Leben positiv verändert haben."

Ich folgte Jasons Blick und bemerkte, dass Frau Hastings Tränen in den Augen hatte, während sie Jason anlächelte.

Hamilton bemerkte: „Ich glaube, die Ausführungen des jungen Mannes sprechen für sich."

Jason hielt die Papiere fragend in der Hand und sah zwischen mir und dem Gerichtsdiener hin und her.

Dumbly fuhr dazwischen. „Ich nehme das an mich und hätte da noch ein paar Fragen."

Dumbly warf einen kurzen Blick auf die Liste und sagte: „Also, Jason, bringen wir es mal wieder auf den Punkt. Um also Freunde zu finden, haben Sie eine Blindenschule und ein Pflegeheim besucht. Würden Sie zustimmen, dass dies ungewöhnliche Orte sind, um Freunde zu finden?"

Jason zuckte mit den Schultern und erwiderte: „Ich weiß nicht. Ich ging einfach zur Blindenschule, weil die Leute dort mein Gesicht nicht erkennen würden. Ich dachte, ich könne anonym bleiben."

Dumbly forschte weiter: „Nun, sind Sie wirklich anonym geblieben, oder haben Sie oder Ihr Freund David all diesen Menschen davon erzählt, dass Sie in Kontrolle der Milliarden bleiben würden, wenn es Ihnen gelingt, meine Klienten um Ihren Anteil zu betrügen?"

Ich blickte zu Hamilton hinüber und erwartete einen Einwand, aber er lachte nur und winkte ablehnend mit der Hand.

Jason antwortete: „Ich habe ihnen nicht erklärt, wer ich bin, aber irgendwann haben sie es herausgefunden."

Da bohrte Dumbly nach: „Und wie, bitte erzählen Sie, konnte diese Lücke in der Geheimhaltung Ihrer Identität entstehen?"

Jason kicherte: „Nun, es war kurz nach dem Unterricht, in dem wir die Anrufe mit den Senioren vereinbart hatten, als David und einige andere Schüler der Klasse zu lachen begannen und mir erzählten, wie lustig sie es fanden, dass ich ernsthaft glaubte, sie würden mich nicht erkennen. Sie alle kannten meine Stimme aus dem Fernseher oder Radio. Sie hatten mich sofort erkannt und begannen mir Fragen über den Prozess zu stellen."

Dumbly biss sich nun fest und fragte: „Was genau haben die Schüler Sie über den Prozess gefragt?"

Jason schüttelte den Kopf und murmelte: „Oh, nichts Besonderes."

Dumbly richtete sich zu voller Größe auf und ermahnte: „Junger Mann, Sie stehen unter Eid. Was genau haben sie Sie zu dem Fall gefragt?"

Jason erwiderte unschuldig: „Sie wollten wissen, ob Sie wirklich für eine Firma namens Dumbly, Cheetham und Leech arbeiteten."

Gelächter ertönte im Saal, und ich sorgte mit meinem Gerichtshammer für Ruhe.

Dumbly sammelte sich wieder und wechselte den Kurs. „Herr Stevens, welchem Plan oder welchem Rezept sind sie in der Blindenschule und dem Seniorenheim gefolgt, dass sie damit dem Gericht beweisen könnten, dass Sie die Fähigkeit besitzen, Freundschaften zu finden oder zu kreieren?"

Jason sah erst mich und dann Dumbly an: „Ich kann niemandem irgendetwas garantieren. Freundschaft und Freunde sind ein Geschenk, das wir bekommen. Das Einzige, was wir tun können, ist, Samen zu streuen und anderen Menschen helfen, diese auch zu säen. Und gelegentlich, wenn wir sehr viel Glück haben, entwickelt sich daraus eine Freundschaft, vertieft sich und trägt neue Samen für neue Freundschaften in der Zukunft."

Dumbly sah Jason verständnislos an.

Schließlich durchbrach ich die Stille und fragte Dumbly: „Haben Sie noch weitere Fragen?"

Dumbly schüttelte den Kopf und kehrte zu seinem Tisch zurück. Ich lächelte Jason an und erklärte ihm, dass dies alles für heute sei.

Ich blickte Hamilton an, als ich urteilte: „Ich glaube, dass wir heute alle etwas über Freundschaft gelernt haben. Das Gericht bedankt sich bei Jason Stevens für diese Lektion und erkennt an, dass er nicht nur ein Freund sein kann, sondern auch anderen dabei helfen kann, ebenfalls ein Freund zu werden. Ich würde jedem Anwesenden empfehlen, intensiv darüber nachzudenken.

Dieses Gericht ist vertagt auf Montag, 10.00 Uhr.“

KAPITEL VI

Das Leben des Lernens

*Das Lernen entzündet in der Dunkelheit eine Kerze,
die all unsere Träume erhellt.*

Ich genoss ein gesegnetes Wochenende. Manche Wochenenden sind lediglich die gewohnten Einschübe am Ende jeder Arbeitswoche. Andere Wochenenden sind wie ein nötiges Medikament für die überanstrengte Seele.

Als wir am Freitag in einem unserer Lieblingsrestaurants zu Abend aßen, erzählte mir Marie, dass sie einige Familienaktivitäten für das Wochenende geplant hatte. Und das Wort Familienaktivitäten könnte auch einfach in Aufgaben übersetzt werden. Meine Familienaktivitäten bezogen sich unter anderem auf das Zusammenrechen der Blätter, das Säubern der Dachrinnen und das Aufräumen der Garage, sodass diesen Winter zwei Autos anstatt einem darin Platz hätten. Ich wollte gerade meinem Unmut Luft machen, da ich an all die Arbeit dachte, die dafür nötig war – da erinnerte ich mich daran, dass dieses zusätzliche Auto in der Garage mein eigenes sein würde.

Marie und ich hatten eine schöne gemeinsame Zeit, erinnerten uns an die vergangen Erlebnisse und planten die nächsten Ausflüge und zukünftigen Familienfeiern. Ich bin immer erstaunt und dankbar, dass uns der Stoff für eine gute Unterhaltung noch nicht ausgegangen ist, obwohl ich sie nun schon über 50 Jahre kenne. Diese Jahre haben sogar – anstatt die Themen zwischen uns zu erschöpfen – immer neue Sichtweisen aufgetan, die wir gemeinsam entdecken können.

Ich denke, wir hatten beide versucht, das Thema so lange wie möglich zu umschiffen, aber irgendwann war es unvermeidbar, und wir kamen auf den Fall zu sprechen. Marie wusste, dass ich über nichts anderes sprechen durfte als die Dinge, über die auch in den Medien berichtet worden war. Und die Medien berichteten so sorgfältig über den Fall um Red Stevens' umstrittenes Testament, dass ich mich damit wohlfühlte, über alle Aspekte in Bezug auf diesen Fall zu sprechen.

Marie fragte: „Warum denkst du, ist die Familie nicht mit den ganzen Millionen zufrieden? Warum müssen sie auch noch um die Milliarden streiten, die Jason über den Treuhandfonds für wohltätige Zwecke anvertraut wurden?"

Ich dachte einen Moment lang nach und gab dann eine mögliche Erklärung: „Nachdem ich jetzt Tausende Menschen in meinem Gerichtssaal gesehen habe, die sich um Geld, Eigentum und alle möglichen persönlichen Besitztümer gestritten haben, ist mir aufgefallen, dass es eine weit verbreitete Krankheit unter den Menschen gibt. Diese Krankheit heißt *mehr*. Und sie ist wahrlich eine Seuche.

Menschen, die nichts haben, wollen etwas. Menschen die etwas haben, möchten viel haben. Menschen, die viel haben, wollen alles haben. Und Menschen, die alles haben, möchten noch mehr. Es nimmt einfach kein Ende. Selbst wenn zufriedene und ausgeglichene Menschen davon erfahren, dass jemand etwas bekommt, haben sie wie aus heiterem Himmel auf einmal selbst nicht mehr genug. Sie möchten immer *mehr*."

Marie runzelte die Stirn und schüttelte den Kopf. „Es ist zu schade, dass diese Menschen nicht einfach ins Ausland reisen, so wie wir es getan haben, und sehen, in welcher unglaublichen Armut die allermeisten Menschen auf der Welt leben."

Ich nickte und dachte an einige herzzerreißende Szenen der Armut, die ich gesehen hatte. „Das wäre die logische Folge. Allerdings würden einige der reichsten Menschen, die ich kenne, auf ihrem Weg zum nächsten Meeting wahrscheinlich einfach über den verletzten Obdachlosen im Dreck hinwegsteigen, um die nächste Million zu machen.

Es muss ein bestimmtes Maß an Gleichgewicht hergestellt werden. Das Streben nach Erfolg hat unser Land groß gemacht. Wissenschaftliche Durchbrüche und medizinischer Fortschritt sind ein Teil dieser ständigen Mühen und Bestrebungen. Auf der anderen Seite müssen die Menschen verstehen lernen, dass wir – global gesehen – alle unglaublich reich sind."

Marie trank einen Schluck Kaffee und meinte: „Es ist traurig, weil du in einem Raum voller Mitglieder der Stevens-Familie sitzt, die alle genug Reichtum für hundert Leben haben. Aber ihre Gier bringt sie in eine Situation, aus der mindestens einer alles verlieren wird."

Ich musste über diese Vorstellung leise lachen.

„Diese Menschen haben nie gelernt, wie man ohne Geld lebt. Arm zu sein ist eine Kunst, die erlernt und gepflegt werden muss."

Marie lachte: „Euer Ehren, ich kann mich sehr gut an diese Tage erinnern. Die Universitätsausbildung war nicht billig, und wir haben beide gelernt, auf dem Boden zu schlafen und nur das zu essen, was gerade im Angebot war. Ich würde ungern dorthin zurückkehren müssen."

Ich erwiderte: „Da stimme ich dir zu, aber einige unserer besten Erlebnisse hatten wir genau in dieser Zeit, und wir wissen nun beide, dass wir auch mit nichts überleben könnten. Die Familie Stevens weiß einfach nicht, was sie *nicht* weiß. Da liegt noch eine ganze Welt da draußen, der sie niemals ausgesetzt waren."

Man reichte uns das Dessert, und es war wieder Zeit für eine leichtere Art der Unterhaltung. Deshalb kamen wir auf unsere Enkel und die Gartenarbeiten zu sprechen.

Als wir Arm in Arm das Restaurant verließen, sagte ich ihr: „Das habe ich gebraucht."

„Das Essen war gut", sagte Marie darauf.

Ich hielt an, sah tief in diese mir so vertrauten und doch immer noch faszinierenden Augen und lächelte. „Ich meinte nicht das Essen."

Als ich die drei Stufen erklomm und mich setzte, bemerkte ich die Schmerzen im unteren Teil meines Rückens. Ohne Zweifel ein Überbleibsel der vielen Stunden, in denen ich die Blätter zusammengerecht hatte, was andere auch als Familienaktivität bezeichnen würden.

Ich klopfte mit meinem Hammer, nickte zur Begrüßung in den überfüllten Gerichtssaal und eröffnete: „Heute werden wir uns mit dem *Geschenk des Lernens* befassen. Ich möchte jeden an die Schwere dieses Falls erinnern und die Tatsache, dass diese Geschehnisse nicht, wie die meisten anderen Fälle, in einem oder zwei Tagen gelöst werden können. Dieser Prozess erstreckt sich über ein ganzes Jahr, und es drohen schwerwiegende Folgen für die einzelnen Parteien.

Wenn die Familie Stevens, vertreten durch Herrn Dumbly ..." ich machte eine kurze Pause, blickte zu Dumbly und erwähnte zu dieser Seite des Saals gewandt „... erfolgreich das Testament von Red Stevens und das angehängte *ultimative Geschenk* anfechtet, wird sie selbst die Milliarden aus dem Red-Stevens-Treuhandfonds für wohltätige Zwecke unter sich aufteilen.

Auf der anderen Seite ..." Ich sah zu Hamilton, Jason, seiner Verlobten Alexia, Frau Hastings und den immer noch anwesenden, aber stillen Jeffrey Watkins hinüber und erklärte „... auf der anderen Seite sitzt Jason Stevens, vertreten durch Theodore J. Hamilton. Wenn er erfolgreich das Testament und das *ultimative Geschenk* Red Stevens' verteidigen wird, wird er den Treuhandfonds und die volle Verantwortung dafür behalten. Zusätzlich wird das Vermögen der anderen Familienmitglieder verfallen und dem Red-Stevens-Treuhandfonds für wohltätige Zwecke hinzugefügt, da sie das Testament angefochten haben.

Obwohl dieser Fall sehr ungewöhnlich ist und ich sehr viel Spielraum in der Auslegung und Darlegung der Beweise gewährt habe, möchte ich die Anwälte und alle hier Anwesenden darauf hinweisen, dass wir uns mitten in einem ernsthaften Prozess befinden und ich von jedem erwarte, sich entsprechend zu benehmen."

Ich blickte richterlich über den Gerichtssaal und dann zu Hamilton.

„Herr Hamilton, ich bitte Sie und Ihren Klienten, dem Gericht darzulegen, dass Jason Stevens die Bestimmung des *ultimativen Geschenks*, wie von Red Stevens angewiesen, in Bezug auf das *Geschenk des Lernens* erfüllt."

Theodore J. Hamilton, der meine Mahnung, diesen Fall wirklich als formelles Gerichtsgeschehen zu behandeln, befolgte, erhob sich angemessen und stimmte an: „Euer Ehren, wir rufen Jason Stevens in den Zeugenstand."

Jason erhob sich, ging um den Tisch und nahm Platz. Ich erinnerte alle daran, dass Jason Stevens den Eid schon geleistet hatte und er demnach immer noch unter Eid stand in Bezug auf jede Aussage in diesem Gerichtsverfahren.

Hamilton begann: „Jason, als Teil des *Geschenks des Lernens* machten Sie eine Reise nach Südamerika."

Jason nickte zustimmend, und Hamilton ermutigte ihn weiter: „Würden Sie uns über Ihre dortigen Erfahrungen berichten?"

Jason erwiderte: „Ich reiste in ein abgelegenes Dorf, in dem mein Großvater eine Bibliothek für die Menschen in der Region eingerichtet hatte. Meine Arbeit dort bestand darin, die Bücher zu reorganisieren und kategorisieren."

Hamilton forschte weiter: „Was haben Sie über das *Geschenk des Lernens* erfahren, als sie Ihre Pflichten in der Bibliothek erfüllten?"

Jason dachte einen Moment lang nach, dann fuhr er fort: „Als Erstes lernte ich, dass die Menschen dieser Region hungrig danach waren, zu lernen. Sie haben keinen Zugang zu Schulen, Büchern, Bibliotheken oder Computern, wie wir es haben. Als ich in der Bibliothek ankam, war ich zunächst sehr überrascht darüber, dass alle Bücher weg waren. Die Bibliothekarin erzählte mir, dass die Bücher immer unterwegs seien und sogar in andere Dörfer weitergereicht wurden, die einige Meilen entfernt waren."

Hamilton lenkte die Aussage, indem er fragte: „Ist es wahr, dass Sie während Ihrer Zeit in Südamerika sogar von Drogenbaronen entführt wurden?"

Jason erinnerte sich: „Ja. Ich hatte noch niemals zuvor so viel Angst. Ich erwartete ständig, umgebracht zu werden."

Hamilton fragte: „Haben Sie sich in Ihrer Zeit der Gefangenschaft irgendetwas über das *Geschenk des Lernens* angeeignet?"

Jason nickte: „Als ich in meiner Gefängniszelle saß, wurden mir von einem anderen Gefangen immer wieder Seiten eines Buches gereicht. Sie waren in Spanisch, und ich brauchte lange, um sie zu entziffern. Aber ich lernte jeden Moment zu schätzen, wenn ich eine dieser Seiten bekam, denn sie waren wie eine Rettungsleine der Außenwelt und gaben mir die Hoffnung, eines Tages wieder frei zu sein. Ich werde nie wieder den Wert einer einzigen Buchseite vergessen."

Hamilton nickte zufrieden und erklärte: „Das ist alles."

Theodore J. Hamilton kehrte zu seinem Platz am Ende des Verteidigungstisches zurück. Ich sah auf die andere Seite und gab Dumbly ein Zeichen.

Er sprach: „Euer Ehren, wir haben einige Nachfragen in Bezug auf diese sogenannte Lern-Erfahrung oder Abenteuerreise durch den Dschungel, die Jason Stevens letztes Jahr unternommen hat."

Ich sah zu Hamilton in Erwartung eines Einspruchs. Aber er lächelte mich nur an und schüttelte den Kopf, als ob dies nicht von Belang sei.

Dumbly fuhr fort: „Herr Stevens, ist es richtig, dass sie …" Dumbly sah in seine Unterlagen und sprach weiter: „… mindestens neunmal von verschiedenen Schulen flogen oder aus disziplinarischen Gründen vom Unterricht suspendiert wurden, bevor Sie angeblich Ihren High-School-Abschluss machten?"

Jason antwortete, mit den Schultern zuckend: „Ich weiß nicht genau, wie oft, aber das ist wahrscheinlich richtig."

„Herr Stevens", führte Dumbly weiter aus, „es ist mir bekannt, dass Sie einige der besten Privatschulen besucht haben. Wie kam es dazu, dass Sie trotz all dieser Vorteile entweder darin versagt haben, selbst das Minimum zu leisten oder, in vielen Fällen, aus disziplinarischen Gründen suspendiert wurden?"

Jason räusperte sich: „Also, ich denke, ich war als Kind nicht sehr motiviert."

Dumbly funkelte Jason an: „Ich glaube, das ist noch grob untertrieben, aber lassen Sie uns fortfahren. Die Geschichte wird noch interessanter."

Dumbly schritt hin und her und kam immer mehr in Fahrt: „Irgendwie gelang es Ihnen, dank der Großzügigkeit Ihres Großvaters, einige Elite-Universitäten zu besuchen und einen dubiosen Abschluss zu erreichen. Genau zu der Zeit, als Ihre

Familie der Einrichtung ein größeres Geschenk machte – für ihr großes Durchhaltevermögen. Aber auch dort sind Sie kaum in den Klassen anwesend gewesen, und wenn Sie auftauchten, haben Sie nur minimale Leistungen erbracht und nichts anderes als schlechte Noten erreicht."

Er starrte Jason an. „Ist das richtig?"

Jason nickte zögerlich und gab zu: „Ja."

Dumbly schritt immer noch hin und her und sprach weiter: „Nun lassen Sie uns die Aufmerksamkeit auf den kleinen Südamerika-Trip richten. Herr Stevens, wussten Sie irgendwas über die Kultur, die Zollbestimmungen oder auch nur die Sprache der Menschen, denen die Red-Stevens-Bibliothek in Südamerika dienen sollte?"

Jason schüttelte den Kopf: „Nein. Ich hatte noch nie von diesem Ort gehört. Ich wusste nichts darüber, und ich konnte auch die Sprache nicht."

„Also", fuhr Dumbly fort „sollen wir einfach so nachvollziehen, dass Sie in einer Bibliothek gearbeitet haben und irgendwie Bücher sortiert haben, die Sie aufgrund der Sprache nicht einmal lesen konnten?"

Jason bejahte.

Dumbly wurde lauter: „Wir möchten die sogenannte Entführung, die Haft und irgendwelche Papierfetzen, die Sie erhalten haben, gar nicht erwähnen. Es wäre absurd, irgendeine dieser Erfahrungen in Zusammenhang mit dem *Geschenk des Lernens* zu verbinden."

Hamilton erklärte wie automatisch: „Einspruch, Euer Ehren. Wenn der Kläger die Geschehnisse nicht verwenden möchte, bitten Sie ihn höflich, seine Kommentare für sich zu behalten."

Ich blickte Dumbly an und sagte: „Einspruch stattgegeben. Herr Dumbly, bitte beschränken Sie Ihre Ausführungen auf beweisrelevante Fragen."

Dumbly winkte ablehnend und erklärte: „Euer Ehren, wir haben keine weiteren Fragen an den Zeugen. Denn nichts, was er heute getan oder gesagt hat, hat auch nur ansatzweise gezeigt, dass er das *Geschenk des Lernens* versteht oder sogar dazu fähig und bereit wäre, dieses Lernen an andere weiterzugeben."

Dumbly nahm wieder seinen Platz auf der gegenüberliegenden Seite des Ganges ein. Beide Anwälte und alle Anwesenden sahen mich voller Erwartung an. Ich fühlte die Anspannung.

Wieder kamen die Worte des alten Eldridge in mein Gedächtnis zurück. Triff nie eine Entscheidung, bevor du es musst.

Mein Blick fiel auf die riesige kunstvolle Uhr an der hinteren Seite des Saals.

Ich sprach: „Da wir uns der Mittagspause nähern, wird die Verhandlung bis 14.00 Uhr unterbrochen."

Ich klopfte einmal mit dem Hammer und kehrte in die Sicherheit meines Büros zurück.

Als Red Stevens' Gesicht auf dem Bildschirm erschien, hoffte ich, dass er einige Antworten in Bezug auf das *Geschenk des Lernens* für mich hatte.

„Wie du weißt, durfte ich nie in den Genuss einer normalen Ausbildung kommen. Und ich habe bemerkt, dass du zwar so etwas wie den Abschluss einer hoch gelobten Universität hast, auf die wir dich schickten. Aber eigentlich ist das nicht viel mehr als ein Spielplatz für reiche Faulpelze.

Aber bevor ich deine Gefühle zu sehr verletze, sollst du wissen, dass ich Universitäten genauso schätze wie jede andere Art von herkömmlicher Bildung. Dies war nur nicht Teil meines eigenen Lebens. Was aber Teil meines Lebens war, sind ständige Neugierde und das Bedürfnis, alles über die Menschen und die Welt um mich herum zu lernen. Als ich gerade das Lesen gelernt hatte, war es mir nicht möglich, noch länger die Schule zu besuchen. Aber die Fähigkeit zu lesen, zu denken und zu beobachten machte mich zu einem ziemlich gebildeten Menschen.

Lernen ist ein Prozess. Und dieser passiert nicht einfach, indem man in einem Klassenzimmer sitzt und eines Tages mit seinem Abschluss nach Hause geht und sich selbst für gebildet hält. Ich glaube, ein besseres Wort für Abschlussfeier wäre daher „Anfangsfeier“, denn an diesem Punkt beginnt erst der Prozess des Lernens. Die vorausgegangenen Schulstunden statten die Schüler lediglich mit dem nötigen Handwerkszeug und den Rahmenbedingungen für die wahren Lektionen des Lebens aus.

Und zum Abschluss dieser Ausführung: Jason, das Leben selbst – nach deinen eigenen Vorstellungen gelebt – ist der ultimative Lehrer. Mein Reichtum und Erfolg hat dich dessen beraubt, und dies hier ist mein großes Bemühen, den Schaden wieder gut zu machen.“

Pünktlich um 14.00 Uhr betrat ich wieder den Gerichtssaal und konnte meinen Blick nicht von den Stevens' abwenden, die sich wieder begierig auf ihren gewohnten Sitzplätzen versammelt hatten. Auf dieser Seite des Saals schien große Erwartung zu existieren. Dumbly bebte förmlich.

Ich gebrauchte meinen Gerichtshammer und erklärte: „Das Verfahren ist wieder eröffnet. Gemäß der Anordnung für das *Geschenk des Lernens* finde ich, dass Herr Dumbly recht damit hat, dass Jason Stevens nie auch nur den Ansatz von Interesse für die Schule oder die gewohnte Art des Lernens gezeigt hat."

Begeisterung und Applaus ertönte aufseiten der Familie Stevens. Ich blickte sie mahnend an, bis wieder Stille eingekehrt war.

„Aber ..." ein dementsprechendes Grummeln ertönte von Dumblys Seite „... Howard ,Red' Stevens hatte eher die untraditionelle und unformelle Idee des Lernens im Sinn in Bezug auf das *Geschenk des Lernens*. Red Stevens fühlte, dass Bildung ein lebenslanger Prozess war und nicht eine kurze Aktivität oder Errungenschaft. Deshalb befindet dieses Gericht, dass Jason Stevens gezeigt hat, dass er das *Geschenk des Lernens* verstanden hat. In den nächsten 30 Tagen wird ihm die Möglichkeit gegeben zu beweisen, dass er auch andere für das *Geschenk des Lernens*, das er von seinem Großvater erhalten hat, begeistern kann.

Der Prozess wird vertagt. In 30 Tagen wird die Beweisführung wieder aufgenommen."

Ich klopfte mit dem Gerichtshammer.

30 Tage später. Jason Stevens wurde erneut in den Zeugenstand gerufen, und Theodore J. Hamilton näherte sich ihm:

„Jason, hatten Sie im letzten Monat die Möglichkeit, das *Geschenk des Lernens*, das Ihnen von Ihrem Großvater mitgegeben wurde, mit anderen zu teilen?"

Jason nickte und sagte: „Ja." und Hamilton gab ihm ein Zeichen, gleich fortzufahren. „Ich machte mir Gedanken darüber, wie mein Großvater das *Geschenk des Lernens* weitergeben würde, und entschloss mich, einen Spaziergang im Howard ,Red' Stevens Stadtpark zu machen. Irgendwie fühle ich mich ihm dort näher."

Jason sah unsicher zu Hamilton, der neben Frau Hastings am Tisch saß. Sie nickten ihm beide ermutigend zu.

„Als ich durch den Park schlenderte, bemerkte ich eine Gruppe elf- und zwölfjähriger Jungen die dort herumhingen. Dies wunderte mich, da es ein gewöhnlicher Schultag war. Ich ging zu ihnen hinüber, begann mit ihnen zu sprechen und fragte sie, warum sie nicht in der Schule seien. Sie erzählten mir, dass die Schule sie nicht interessieren würde und dass man in der Schule sowieso nichts Nützliches lernen würde.

Ich fragte sie daraufhin, in welche Schule sie gingen, und fand den Namen ihres Lehrers heraus. Ich ging zu der Schule, wartete, bis der Unterricht zu Ende war, und ging dann hinein, um ihren Lehrer zu treffen."

Jason lockerte sich leicht die Krawatte und setzte sich zurück. Er blickte kurz zu mir hinauf und fuhr fort.

„Dies ist wirklich eine sehr heruntergekommene Schule mitten in der Stadt. Und es kam mir so vor, als ob hier mehr Geld für bewaffnete Sicherheitsleute als für den Unterricht der Schüler ausgegeben würde. Der Lehrer, auf den ich traf, war ein junger Mann in meinem Alter. Sein Name war Tom. Tom hatte sich sein ganzes Leben darauf vorbereitet, Lehrer zu sein, und hat sich voll dieser Aufgabe mit den Kindern hingegeben. Aber Tom erzählte mir, dass die meisten Eltern sich nicht kümmerten und die Kinder einfach nicht erkennen konnten, wie das, was sie in der Schule lernten, relevant für ihr Leben sein würde.

Ich fragte, was die Kinder gerade lernten. Und der Unterricht drehte sich gerade um Bruchrechnen, Geometrie, Wirtschaftswissenschaften, und sie mussten alle ein *Jugend-forscht*-Projekt vorbereiten. Ich besprach mit Tom, dass ich einen freiwilligen Schultag an jedem Samstag vorbereiten würde – im Stadtpark."

Hamilton nickte, als ob er dem Fortschritt Jasons zustimmen würde, und forschte weiter: „Wie ging es weiter mit Ihrer Samstagsschule?"

Jason grinste stolz und sagte: „Nun, seit vier Wochen läuft der Unterricht. Um in meine Samstagsschule aufgenommen zu werden, brauchte jeder einen Bibliotheksausweis und eine Bestätigung des Lehrers, dass jeder Schultag in der vorausgegangen Woche besucht worden war. Wir luden auch die Kinder aus den umliegenden Schulen und die Kinder der Kindertagesstätten der alleinerziehenden Mütter ein."

Jason machte sich kurz Gedanken, und dann zählte er die Aktivitäten der letzten vier Wochen mit seinen Fingern auf. „In der ersten Woche brachte ich alle Kinder dazu zu kommen, weil ich angekündigt hatte, dass ein angesagter Baseballspieler aus der Major

League am ersten Tag der Samstagsschule dabei sein würde. Er sprach über die Durchschnittsleistung eines Schlägers. Gemeinsam mit Tom erarbeiteten sie ein Konzept, sodass die Kinder plötzlich den Grund verstanden und gespannt darauf waren, etwas über Prozente und Brüche zu lernen. Zum Schluss gab er allen Kindern Autogrammkarten.

In der zweiten Woche trafen wir uns am Basketballplatz im Park. Ein Stammspieler der NBA-Mannschaft kam hinzu, um uns das Thema Geometrie zu veranschaulichen. Er machte einige Würfe von allen Ecken des Platzes aus und nutzte die Rückwand, um zu demonstrieren, wie sich die verschiedenen Winkel je nach Abwurfplatz veränderten.

In der dritten Woche waren die Wirtschaftswissenschaften dran. Ein Unternehmer, der sich seine Millionen selbst erarbeitet und vor 30 Jahren dieselbe Schule besucht hatte, kam in einer Limousine vorgefahren und erzählte, warum es sehr wichtig ist, die Geschäftswelt und die Finanzwelt zu verstehen. Die Kinder durften alle mit der Limousine fahren, und Tom erzählte mir später, dass nun alle sehr interessiert daran waren, Wirtschaftwissenschaften zu lernen.

In der letzten Woche holte ich einen NASCAR-Fahrer mit seinem Rennauto zu uns. Er erzählte und zeigte den Kindern, wie die Hochleistungsmotoren funktionieren. Er erklärte, dass man, um Rennfahrer zu werden oder viele andere Berufe auszuüben, die Basiswissenschaften verstehen sollte. Dadurch wurden die Kinder für ihr *Jugend-forscht*-Projekt richtig begeistert, und vieles lief in der Schule dadurch besser."

Ich sah Hamilton an und fragte nach: „Haben Sie weitere Fragen?"

Hamilton grinste und antwortete: „Euer Ehren, ich denke, das ist mehr als genug."

Dumbly erhob sich und begann sofort: „Euer Ehren, hier sind noch eine Reihe von Fragen in Bezug auf die gesamte Situation, die unbedingt einer Antwort bedürfen."

Ich seufzte und erwiderte: „Bitte fragen Sie."

Dumbly war ungehalten, als er sich Jason näherte.

„Herr Stevens, haben Sie ein Zertifikat dieses Staates oder irgendeine andere Kompetenzbekundung?"

Jason schüttelte den Kopf, schien aufgebracht und antwortete: „Nein."

„Hat Ihr Baseballspieler, Basketballspieler, Unternehmer oder Rennfahrer irgendeine Ausbildung oder Zeugnisse, die dieses Gericht anerkennt?"

Jason zuckte und sagte: „Ich weiß es nicht, aber ich bezweifle es."

Dumbly fuhr fort: „Hat dieser Lehrer Tom, den Sie erwähnt haben, die Genehmigung von der Schule, diese Klassen in diesem Stadtpark abzuhalten?"

Jason zuckte wieder die Schultern und gab zu: „Ich bin mir nicht sicher. Das ist bloß ein Haufen Kinder, die einen Weg finden müssen um Begeisterung für die Schule zu empfinden, zusammen mit ein paar hochkarätigen Personen, die freiwillig ihre Zeit geben, um zu helfen."

Dumbly drehte sich erhaben um und wandte sich an jeden, der im Gerichtssaal saß: „Nun, ich kann hier definitiv nichts finden, was Bildungswert hat oder das *Geschenk des Lernens* widerspiegelt."

„Aber ich", urteilte ich. „Herr Dumbly, haben Sie noch irgendeine Frage?"

Abschließend sagte ich: „Dann ist diese Angelegenheit nun abgehandelt. Dieses Gericht wird auf 10.00 Uhr morgen früh vertagt, um das *Geschenk der Probleme* aufzugreifen."

KAPITEL VII

Das Leben der Probleme

In der Zukunft betrachtet, erscheinen Probleme wie Hindernisse.
Schaut man auf die Probleme in der Vergangenheit,
erkennt man sie als wahren Segen.

Während meine Büroräume im Gerichtsgebäude, mit Ausnahme meines Ledersessels, von Designern eingerichtet wurden, um andere zu beeindrucken, war mein Büro zu Hause nur für mich eingerichtet worden. An den Wänden hingen Fotos, die nur den Zweck hatten, mich an die Zeiten, Orte und Leute zu erinnern, die nur mir etwas bedeuteten. Während diese Sammlung von Bildern vielleicht niemanden beeindrucken würde, so waren sie für mich ohne Zweifel die fotografierten Meilensteine meines Lebens.

Mein Schreibtisch war riesig, aber im Gegensatz zu dem im Gericht war dieser praktisch. Jeder Zentimeter der Oberfläche war bedeckt, und manch einer würde das als chaotische Unordnung bezeichnen. Aber ich wusste, wo sich alles befand, und könnte es hervorzaubern, wann auch immer ich wollte. Die Tatsache, dass diese Unorganisiertheit jemanden stören könnte, war für mich irgendwie beruhigend.

Eine Reihe viel gelesener Bücher über Rechtswissenschaften teilten sich den Platz mit vielen anderen Büchern über die verschiedensten Themen, wie Golf, Angeln und Romanen über Western bis Science-Fiction. Mein Labrador Rex hatte seinen Lieblingsplatz auf dem alten Teppich vor dem Kamin gefunden. Genauso wie ich verlangte er während seiner Zeit im Büro nach nichts anderem, als einfach in Ruhe gelassen zu werden und dass alles an seinem gewohnten Platz blieb.

Ich brach eine meiner eigenen, ungeschrieben Regeln für mein Büro, indem ich über den Tag im Gericht nachdachte. Aber da es eine meiner eigenen Regeln war und es mein Büro war, wo ich alleiniges Bestimmungsrecht genoss, konnte ich jede Regel aufheben oder abändern, wann immer ich mochte.

Rex und ich wollten gerade ein American-Football-Spiel auf dem großen TV in meinem Büro ansehen. Es war nicht irgendein Football-Spiel – es war das Spiel zwischen meiner Heimatstadt und unserem größten Rivalen. Ich hatte mein Fan-Trikot an und meinen Imbiss vor mir bereitet.

Das Fan-Trikot war schon Ursache vieler Diskussionen mit meiner geliebten Frau Marie gewesen, da das Trikot nun bereits älter als der älteste Spieler im Team war. Etwa vor zehn Jahren hatte Marie erklärt, dass dieses Trikot an eine Wohltätigkeitsorganisation gespendet werden sollte. Und vor Kurzem erst hatte sie in einer Diskussion mein Trikot degradiert und vorgeschlagen, dass wir es zur letzten Verwendung in die Lumpensammlung zum Autowaschen aufnehmen würden.

Da das Trikot aber nur in meinem Büro, wo ich alleiniges Bestimmungsrecht hatte, getragen wurde, gab sie schließlich nach.

Aber sie erteilte für ihren Zuständigkeitsbereich, der alles außerhalb meines Büros umfasste, genaue Anweisung. Und diese Regel lautete, dass das Trikot niemals außerhalb des Büros getragen werden durfte, besonders dann, wenn wir irgendwo hingingen oder wir Besuch erwarteten.

Und da ich gerade nirgends hingehen wollte und niemanden sehen wollte, war das Fan-Trikot die optimale Wahl. Ich fragte Rex, den Wunderhund, ob er zustimmen würde, und da ich nichts Gegenteiliges vernahm, wusste ich, dass wir gleicher Meinung waren.

Ich wählte den richtigen Kanal und wartete auf das Football-Spiel. Aber gerade als die vorangehenden Ansprachen beginnen sollten, blendete der Sender noch die aktuellsten Nachrichten ein.

Und da war sie, neben L. Myron Dumbly: Ruth Stevens – Jason Stevens' Mutter – eine der Prozessierenden, die ihn wegen Red Stevens' Testament angeklagt hatten.

Ruth wurde gefragt: „Warum klagen Sie Ihren eigenen Sohn vor Gericht an?"

Sie lächelte für die Kamera und redete, als ob sie von einer Gala oder einer Modenschau berichten würde.

„Jason ist ein guter Junge. Er ist einfach nur verwirrt. Aber das ist nicht wirklich ein Argument. Wir versuchen einfach nur, ein paar unangenehme, quälende, rechtliche Angelegenheiten zu klären."

Der Reporter fragte weiter: „Denken Sie nicht, dass es Jason erlaubt sein sollte, das Geld Ihres Vaters so zu verwenden, wie es Red Stevens in seinem Treuhandfonds vorgesehen hatte?"

Ruth lächelte amüsiert und erklärte: „Nun, Wohltätigkeit ist wichtig, aber das ist Geld, wofür mein Vater gearbeitet hat, und es sollte nun an seine Kinder übergehen. Und übrigens tun auch wir viel für wohltätige Zwecke."

„Wie viel tun Sie für die Wohltätigkeit?", fragte der Reporter schnell.

Ruth schien perplex. Dumbly stotterte etwas, als ob er Ruth aufhalten wollte. Doch sie erzählte: „Nun, ich weiß, dass wir viel für wohltätige Zwecke tun. Erst letzte Woche verschenkte ich einen ganzen Sack voller Kleider, und wir kaufen immer einen ganzen Tisch in der Oper, auf Bällen und Ballettaufführungen, und … Nun, Sie wissen schon. All die richtigen Dinge."

Der Reporter fragte weiter: „Ruth, haben Sie Kontakt zu Ihrem Sohn Jason?"

Ruth lächelte: „Also, wir sprechen heute nicht weniger miteinander, als wir es schon immer getan haben."

Der Journalist begann gerade, Ruth Stevens zu danken und das Wort wieder an den Nachrichtensprecher zurückzugeben, da unterbrach ihn Dumbly und riss das Wort an sich: „Ich denke, meine Klientin hat nun alle nötigen Fragen beantwortet. Wir werden keine weitere Aussage zu dieser Angelegenheit abgeben."

Der Reporter schaute verblüfft in die Kamera, als auch schon zum Football-Spiel umgeschaltet wurde.

Ich war total aus dem Konzept gebracht und griff nach der Fernbedienung, um das Spiel auszuschalten, als ich bemerkte, wie Rex erwartungsvoll auf den Bildschirm starrte. Und da ich ihm die ganze Woche schon versprochen hatten, dass wir das Spiel gemeinsam ansehen würden, warf ich ihm eine Brezel hinüber und hielt mein Versprechen.

Der nächste Morgen begrüßte mich wie gewohnt mit einem Sonnenaufgang, den ich durch das Fenster meines Büros im Gericht betrachten konnte. Ich holte die Kopie der DVD mit der Aufschrift *„Das Geschenk der Probleme"* hervor, die Red Stevens für seinen Enkel Jason aufgenommen hatte. Ich dachte mir, dass dieser Titel *„Das Geschenk der Probleme"* wohl ironisch gemeint war, als Red zu sprechen begann.

„Jason, das Leben steckt voller Widersprüche. Und in der Tat, je länger man lebt, desto mehr scheint die Realität des Lebens zu einem großen Paradoxon zu werden. Aber wenn du lange genug lebst und dich genug anstrengst, eine Lösung zu finden, wirst du eine wunderbare Ordnung in all dem Durcheinander erkennen.

Jede der Lektionen, die ich versuche, dir als Teil des *ultimativen Geschenks*, das ich dir in meinem Testament hinterlassen habe, beizubringen, wird normalerweise erlernt, wenn Menschen durch ihr Leben gehen und mit so manchem Kampf oder Problem konfrontiert werden. Denn jede Herausforderung, die uns nicht besiegt, gibt uns unwahrscheinlich viel Kraft.

Und einer der größten Fehler in meinem Leben war es, so viele Menschen vor den Herausforderungen des Lebens – dich eingeschlossen – zu bewahren. Fehlgeleitet durch mein Gefühl der Sorge um dein Wohlergehen, habe ich dir die Fähigkeit genommen, mit den Herausforderungen des Lebens umzugehen, da ich sie dir einfach aus dem Weg räumte.

Bedauerlicherweise kann ein menschliches Wesen aber nicht für immer in einem Vakuum leben. Ein Küken muss einen Kampf kämpfen, um sich aus der Eierschale zu befreien. Eine fürsorgliche Person mag vielleicht das Ei für das Küken aufbrechen, es herauslassen und sich dabei fühlen, als ob sie dem Küken einen wunderbaren Dienst erwiesen hätte. Aber in Wirklichkeit hat sie das Küken geschwächt und unfähig mit seiner Umwelt umzugehen zurückgelassen. In der Tat – anstatt dem Vogel zu helfen, hat die Person sein Leben verkürzt. Es ist nur eine Frage der Zeit, bis er angegriffen wird, und dann hat der Vogel keine Fähigkeit, damit richtig umzugehen, was normalerweise ein lösbares Problem gewesen wäre.

Wenn es uns nicht erlaubt wird, kleine Probleme selbst zu lösen, werden wir durch ein bisschen größere völlig überfordert. Wenn wir diese Tatsache verstehen, werden wir in unserem Leben Probleme nicht meiden, sondern sie als Herausforderungen, die uns stärken, willkommen heißen, damit wir in der Zukunft siegreich sein werden."

Ich dachte über die Sichtweise, Probleme wirklich willkommen zu heißen, nach. Ich erinnerte mich an viele gute Dinge, die in meinem privaten und beruflichen Leben geschehen waren, und musste zugeben, dass sie alle von einer Reihe von Problemen begleitet wurden.

Die festgesetzte Stunde war gekommen. Ich legte meine schwarze Richterrobe an, ging durch die Mahagonitür und stieg die drei Stufen zu meinem gewohnten Platz über dem Gerichtssaal empor. Ich nahm Platz und wies die Anwesenden an, sich ebenfalls zu setzen. Schnell ging ich meine Notizen durch, nahm meine Lesebrille ab und sah in die große Menschenmenge.

Die vergangenen Monate des Prozesses hatten weder das Medieninteresse verringert noch die Neugierde der Menschen darüber, wie es mit dem Testament Red Stevens' weitergehen würde.

Ich räusperte mich und begann: „Heute widmen wir uns der fünften aus zwölf Bestimmungen, die Howard ‚Red' Stevens in seinem Nachlass niedergeschrieben hat. Ich wende mich an den Verteidiger Jason Stevens', Herrn Theodore J. Hamilton, und bitte Sie nun darum, uns darüber zu informieren, wie diese Bestimmung aussah und abgehandelt wurde."

Hamilton erhob sich grazil und erstaunlich beweglich für einen 80-Jährigen. Er respektierte meine frühere Anweisung, sich förmlich zu verhalten, und handelte entsprechend.

„Vielen Dank, Euer Ehren. In der heutigen Verhandlung geht es wieder darum, zu ermitteln und klarzustellen, dass jede Anweisung im Testament von Howard ‚Red' Stevens angemessen erfüllt wurde und das Erbe, das Jason Stevens erhalten hat, ihm auch rechtmäßig zustand und zusteht."

Hamilton legte eine kurze Kunstpause ein, und Dumbly nutzte seine Chance: „Euer Ehren, nach nun fünfmonatiger Anhörung sollte der Verteidiger verstehen, dass es in diesem Fall darum geht, die Umstände des Erbes, das in Form eines Treuhandfonds an Jason Stevens übergeben wurde, eingehend zu prüfen. Denn dadurch wurden drei Kinder, die direkten Nachkommen Red Stevens', um ihr rechtmäßiges Erbe betrogen."

Hamilton lachte laut und antwortete: „Das ist wohl der Grund, warum Sie hier sind, Herr Dum…" der schon gewohnte Hustenanfall unterbrach den Satz. Hamilton brachte ihn wieder unter Kontrolle und fuhr fort: „… aber der Grund, warum ich hier bin, ist ein ganz anderer. Ich bitte daher die Gegenpartei, ihren eigenen Fall zu führen und mir zu erlauben, meinen zu führen."

Nun war ich gezwungen dazwischenzugehen – als ob ich es mit zwei streitenden Kindern zu tun hätte. „Meine Herren, ich verstehe zur Gänze, warum jeder von Ihnen hier ist, und die Positionen, die Sie für Ihre Klienten vertreten. Deshalb unterlassen Sie die überflüssigen Nichtigkeiten, und ich bitte Herrn Hamilton, seinen Punkt auszuführen."

Hamilton gab Jason das Zeichen, sich in den Zeugenstand zu begeben, und begann seine Befragung. „Jason, können Sie sich an den Monat erinnern, in dem Sie, durch die Anweisungen im letzten Willen Ihres Großvaters, das *Geschenk der Probleme* erforscht haben?"

Jason antwortete andächtig: „Ja, das tue ich. Ich kann sicher sagen, dass es sowohl die beste als auch die schlimmste Zeit meines Lebens war."

„Können Sie das näher erklären?", fragte Hamilton nach.

Jason blickte umsichtig zu seiner Verlobten Alexia, die neben Frau Hastings am Tisch der Verteidigung saß. Frau Hastings legte ihre Hand auf die von Alexia, als Jason zu sprechen begann.

„Mein Großvater wollte, dass ich hinausging und Menschen fand, die in ihrem Leben wirkliche Probleme erlebten. Und ich sollte die Lektionen lernen, die mit ihren Problemen einhergingen."

Hamilton nickte voller Verständnis und fragte: „Was haben Sie also getan?"

Jason kämpfte mit seinen Gefühlen, als er sprach: „Ich ging spazieren, um über das *Geschenk der Probleme* nachzudenken. Da kam ich an einem Park vorbei und bemerkte ein schaukelndes junges Mädchen, das von ihrer Mutter beobachtet wurde. Ich kam mit ihnen ins Gespräch und fand heraus, dass Emily, die Tochter, Krebs im Endstadium hatte."

Ich konnte nicht anders und bemerkte, wie Alexia einige Tränen übers Gesicht liefen als Jason fortfuhr:

„Ich lernte Emily und ihre Mutter Alexia …" Jason deutete auf seine Verlobte „… kennen zu der Zeit, als Emily uns verließ."

„Können Sie uns helfen zu verstehen, was Sie von der kleinen Emily während ihrer letzten Tage gelernt haben?"

Jasons Stimme zitterte, und bei der Erinnerung an sie stiegen auch ihm Tränen in die Augen: „Emily ging es von Tag zu Tag schlechter, egal, was man tat. Ich kann mir vorstellen, dass das für ein kleines Kind wie sie sehr schmerzhaft und beängstigend gewesen sein muss. Sie hat sich niemals beklagt, und sie hat mir durch ihre Probleme und ihr Leiden so viele Dinge gezeigt.

Zuerst zeigte sie mir Freude – ich lernte, dass egal wie die Umstände auch aussehen mögen, man immer glücklich sein kann, einfach weil man sich dazu entscheidet, glücklich zu sein. Dann zeigte sie mir Mut – dass es wirklich nichts gibt, wovor man sich fürchten müsste, und dass ein Leben in Angst noch viel schlimmer wäre. Und schließlich zeigte sie mir, wie man liebt. Ich lernte es, sie als einen unvergesslichen und besonderen Teil meines Lebens zu lieben. Und sie hat mir gezeigt, wie man ihre Mutter liebt, und sie hat uns beide mit dieser besonderen Liebe zurückgelassen. Ich wünsche mir, den Rest meines Lebens mit Alexia zu verbringen und die Liebe zu lernen und all die Lektionen zu leben, die ich von Emily und ihren Problemen gelernt habe."

Hamilton war tief bewegt und berührte Jasons Hand, die auf dem Geländer vor ihm ruhte.

Er sagte: „Ich danke dir, mein Sohn. Das war nicht leicht, aber wichtig."

Hamilton räusperte sich und sah zu mir auf. „Euer Ehren, das wäre für den Moment genug."

Sofort erhob sich Dumbly und stellte meinen Glauben in die Anwälte wieder her, indem er sagte: „Euer Ehren, wir akzeptieren diese Beweisführung wie vorgebracht."

Ich nickte mit neuem Respekt für Herrn Dumbly und sagte: „Ich danke Ihnen, Herr Dumbly."

Ich wischte mir selbst eine Träne weg und verkündete: „Herr Stevens hat diesem Gericht ohne Zweifel bewiesen, dass er das *Geschenk der Probleme* vollständig erfahren und erlernt hat. In den nächsten 30 Tagen wird ihm die Möglichkeit gegeben zu zeigen, dass er auch die Fähigkeit besitzt, den Red-Stevens-Treuhandfonds für wohltätige Zwecke dazu einsetzen zu können, dass andere das *Geschenk der Probleme* verstehen. Das Gericht ist vertagt."

Ich eilte in meine Gemächer und ließ meinen Gefühlen freien Lauf, was in der Funktion als Richter nicht angebracht gewesen wäre, aber nötig war. Und dabei dachte ich an ein ganz besonderes junges

Mädchen, das mir und allen anderen Anwesenden im Gericht durch ihr Sterben gezeigt hatte, wie wir leben sollten.

Einen Monat später hatten wir alle unsere Plätze wieder eingenommen. Unter der Anleitung von Theodore J. Hamilton zählte uns Jason seine letzten Aktivitäten im Zusammenhang mit dem *Geschenk der Probleme* auf:

„Alexia und ich haben uns entschieden, dass wir anderen Menschen helfen möchten, die die Situation erleben, durch die wir bereits gegangen sind." Jason lächelte Alexia an, und sie lächelte zurück. Er fuhr fort: „Ich glaube, dass der Verlust eines Kindes zu den größten Problemen gehört, die man durchleben kann. Alexia und ich fühlen uns dazu berufen, genau diesen Menschen zu helfen, da ich glaube, dass man ihnen nur dann wirklich helfen kann, wenn man dasselbe durchgemacht hat.

Ein Buch, ein Vortrag oder eine besorgte Person, die nicht Ähnliches erlebt hat, wird nie dasselbe bewirken können. Man wird zwar niemals ganz darüber hinwegkommen oder es abhaken können, aber wir glauben, dass man mithilfe einer Person, die einem vorangegangen ist, lernen kann, mit der Situation zu leben und auch daran zu wachsen."

Hamilton nickte zustimmend.

Jason erzählte weiter: „Alexia und ich gingen in Krankenhäuser, Kirchen und Pflegeheime und erzählten den Leuten von unserer Geschichte und davon, dass wir bereit sind, einfach mit Eltern zu sprechen und unsere Erfahrungen mit ihnen zu teilen, wenn diese gerade davorstanden, ihr Kind zu verlieren. Im letzten Monat haben wir uns mit sieben Familien getroffen, die ein Kind verloren haben oder es bald verlieren werden. Einige haben wir mehrmals getroffen. Und es ist wahrscheinlich das Schwerste, was ich jemals getan habe, aber ich denke, es wird auch eines der besten Dinge werden."

Hamilton nickte zustimmend. Er wandte sich an mich. „Euer Ehren, das wäre alles."

Ich drehte mich zu Dumbly und forschte: „Hat die Klägerseite noch Fragen an den Zeugen?"

Dumbly sprach ohne aufzustehen: „Wir haben keine weiteren Fragen oder Argumente dem Gericht vorzubringen."

L. Myron Dumbly, sein Team und sogar die Familie Stevens, die in den ersten Reihen hinter ihnen saßen, schienen alle sehr berührt zu sein. Niemand in diesem Gerichtssaal, den Richter eingeschlossen, konnte sich an diesem Tag der emotionalen Wirkung und den lebensverändernden Weisheiten entziehen, die ein kleines Mädchen namens Emily zurückgelassen hatte.

Ich gebrauchte den Hammer und urteilte: „Diese Angelegenheit wurde im Einvernehmen beider Parteien und durch das Urteil des Gerichts geklärt. Morgen um 10.00 Uhr werden wir die Verhandlung um das *Geschenk der Familie* aufnehmen."

KAPITEL VIII

Das Leben der Familie

*Einige Familien entstehen durch die Geburt,
andere durch rechtliche Dokumente, und wieder andere
werden durch die Liebe hervorgebracht.*

Am nächsten Morgen bereitete ich mich in meinem Büro auf den Tag vor, denn ich wusste, dass alles rund um das *Geschenk der Familie* hinterfragt werden würde. Dumbly und sein Team hatten sich weise aus allen aussichtslosen Konflikten bezüglich des *Geschenks der Probleme* herausgehalten. Aber ich wusste, dass sie dafür heute umso mehr kämpfen würden.

Ich blieb unparteiisch, für beide Seiten offen und frei von Vorurteilen – wie es jeder Richter tun sollte. Aber gleichzeitig erlaubte ich mir, die verschiedenen Möglichkeiten und die möglichen Argumente, die auftauchen könnten, gedanklich durchzuspielen.

Die Familie Stevens war in vielerlei Hinsicht einzigartig, aber gleichzeitig auch total zerrüttet. Ihr Geld, ihre Macht, ihr Einfluss und ihre Prominenz hatten ihnen viele Vorteile gebracht, aber auch viele Nachteile.

Ich konnte nicht anders, als an meine eigene Familie zu denken und das relativ einfache Leben, das wir geführt hatten. Wir waren gezwungen, ohne die vielen Annehmlichkeiten, die den reichen und berühmten Menschen zur Verfügung standen, auszukommen, aber wir hatten eine Tiefe an Hingabe und Liebe erfahren, die wir nicht für alle Reichtümer dieser Welt eintauschen würden.

Ich war so in Gedanken versunken, dass ich nicht merkte, wie die Zeit verging. Ich erwiderte das Klopfen an der Tür mit „Kommen Sie herein", und Jim, mein Gerichtsdiener, steckte seinen Kopf herein und bemerkte: „Euer Ehren, es sind alle Beteiligten anwesend, und wenn Sie bereit sind, können wir beginnen."

Ich warf einen kurzen Blick auf die Uhr, während ich schnell meine Richterrobe anlegte. Als ich meinen Platz einnahm und mit dem Gerichtshammer den Prozess eröffnete, war der Gerichtstag schon zwei Minuten alt.

„Heute werden wir uns mit dem *Geschenk der Familie* beschäftigen. Und da dieser gesamte Prozess zwischen Familienmitgliedern stattfindet und um den Familienbesitz prozessiert wird, nehme ich an, dass der heutige Tag sehr emotional werden könnte. Wie üblich, möchte ich die Anwälte, Klienten und jeden Anwesenden darauf hinweisen, dass wir uns hier in einem offiziellen Prozess befinden, und dementsprechend bitte ich darum, Ordnung und Respekt zu wahren. Das Gericht ruft Theodore J. Hamilton auf, das heutige Thema darzulegen."

Hamilton ging um den Tisch herum und näherte sich Jason, der inzwischen wieder auf der Zeugenbank Platz genommen hatte.

Hamilton begann: „Jason, können Sie uns bitte erklären, was Sie von der Lektion Ihres Großvaters, Red Stevens, durch das *Geschenk der Familie* gelernt haben?"

Jason nickte: „Ich verbrachte einen gesamten Monat damit, im ‚Red Stevens Heim für Jungen' in Maine mit einer Gruppe Jungen zu arbeiten. Einige von ihnen waren kein Teil ihrer eigenen Familie, andere hatten überhaupt keine Familie. Und ich habe eine Weile gebraucht, um zu verstehen, dass diese Kinder im Heim ihre eigene Familie gegründet hatten. Sie arbeiteten zusammen, spielten zusammen und ermutigten sich gegenseitig auf ganz erstaunliche Art und Weise. Sie haben mir gezeigt, dass eine Familie nicht immer eine Bilderbuchfamilie ist, wie wir sie uns alle wünschen würden. Aber manchmal entsteht eine Familie, wo man es am wenigsten erwarten würde."

Hamilton nickte zufrieden, winkte Dumbly zu und sagte: „Ihr Zeuge."

L. Myron Dumbly hatte Blut geleckt. Er und sein gesamtes Team inklusive der Stevens-Familie wussten, dass dies eine der Hürden war, wo sie eine gute Gewinnchance hatten. Diese Emotion wurde geschürt durch den Gedanken, dass sie nur ein Einziges von Jasons Geschenken widerlegen müssten, um sich die Milliarden teilen zu können. Auf der anderen Seite klebte die Angst, alles zu verlieren, wie eine Klette an ihnen.

Dumbly griff an: „Herr Stevens, Sie stehen heute vor diesem Gericht und erwarten offensichtlich, dass wir glauben, dass Sie das *Geschenk der Familie* verstanden hätten und in der Position sind, anderen dabei zu helfen, es ebenfalls zu verstehen."

Jason nickte und antwortete einfach: „Ja."

Dumbly fuhr fort: „Es fällt schwer, eine noch unqualifiziertere Person als Sie zu finden, um über das *Geschenk der Familie* zu sprechen."

„Euer Ehren", wetterte Hamilton, „wenn der Kläger eine Frage hat, weisen Sie ihn bitte darauf hin, diese zu stellen oder sich wieder zu setzen."

Ich blickte Dumbly scharf an: „Stattgegeben. Herr Dumbly, haben Sie Fragen an den Zeugen?"

Dumbly bohrte weiter: „Herr Stevens, Sie haben vor diesem Gericht ausgesagt, dass Sie sich der Person Red Stevens so sehr entfernt und geschämt hatten, dass Sie sich sogar weigerten, die Tatsache anzuerkennen, dass er Ihr Großvater war."

Jason nickte schwach und flüsterte fast: „Das entspricht der Wahrheit."

Dumbly grinste siegessicher. „Herr Stevens, Ihre eigene Familie ..." Dumbly zeigte auf seine Seite des Gerichtssaals „... hat sich in diesem Prozess gegen Sie versammelt. Sie müssen einen gerichtlichen Prozess über sich ergehen lassen, nur aus dem Grund, das Familienerbe zu schützen, das rechtmäßig an die direkten Nachkommen von Howard ‚Red' Stevens vererbt werden sollte. Fühlen Sie sich nicht so, als ob Sie die gesamte Familie auseinanderreißen, anstatt zu zeigen, dass Sie das *Geschenk der Familie* verstanden haben?"

Jason seufzte und blickte Hamilton an. Er brachte leise hervor: „Ich weiß nicht, wie ich darauf antworten soll."

Dumbly schlug sich in die Hände und sagte: „Das glaube ich Ihnen gerne, dass Sie nicht wissen, wie Sie darauf antworten sollen. Ich hätte auch keine Antwort."

Dumbly schritt auf und ab und formulierte seine nächste Frage: „Nun, können Sie uns bitte erzählen – auch wenn Sie keine wirkliche Beziehung zu Ihrer Familie haben –, wie sie lernten, die Wichtigkeit der Familie zu verstehen, einfach indem Sie ein paar Wochen in einer Art Jugendfreizeit verbracht haben?"

Ärgerlich platzte es aus Jason heraus: „Es ist ein Heim!"

Dumbly beugte sich leicht vor und betonte sarkastisch: „Bitte entschuldigen Sie. Nennen wir es Heim."

Jason schien in Fahrt zu kommen. „Ich lernte dort viele Dinge, die man wohl schwer von Menschen lernen würde, die ein gutes Familienleben haben. Ich denke, es ist schwer zu wissen, wie wertvoll etwas ist, bis man es nicht mehr hat. Ohne einige der Lektionen, die ich von meinem Großvater und dem Heim für Jungen gelernt hatte, hätte ich wohl nie das Familienleben beginnen können, wie ich es mit Alexia und Emily getan habe. Ich denke, wenn man der Sache wirklich auf den Grund kommen will, dann kann der Wert einer Familie nur von den Menschen beurteilt werden, die Teil dieser Familie sind."

Dumbly rieb sich die Hände und folgerte: „Also, junger Mann, in diesem Prozess wird jemand über Sie in Bezug auf die Familie urteilen. Und ich bitte das Gericht, sich für die Stevens-Familie als rechtmäßige Erben und wirkliche Familie ihres geliebten Familienoberhauptes Howard ‚Red' Stevens zu entscheiden."

Diese Angelegenheit war weit davon entfernt, eindeutig zu sein. Deshalb wollte ich etwas Zeit und Abstand zu den Argumenten gewinnen, bevor ich eine Entscheidung treffen würde. Mein Kopf und das Gesetz, das ich so sehr schätzte, tendierten auf die eine Seite. Mein Herz und meine Emotionen tendierten auf die andere. Ich gebrauchte meinen Hammer und verkündete: „Das Gericht zieht sich zur Mittagspause zurück. Der Prozess wird um 14.00 Uhr fortgesetzt."

Ich ging geradewegs in mein Büro, legte meine Robe ab und griff nach der DVD „*Das Geschenk der Familie*". Als ich das Abspielgerät startete, hoffte und betete ich, dass mir Red Stevens' Botschaft irgendwie Klarheit geben und eine Richtung zeigen würde.

Red sprach zu Jason: „Nun, Jason, ich weiß, dass unsere Familie so zerstört ist, wie eine Familie nur sein kann, und ich übernehme meinen vollen Teil der Verantwortung dafür. Wie auch immer, die beste oder die schlimmste Familiensituation kann uns etwas lehren. Von unseren Familien lernen wir entweder das, was wir vom Leben wollen, oder – leider – was wir nicht wollen.

Aus allen jungen Männern der Welt habe ich dich ausgesucht. Ich habe Herrn Hamilton gefragt, ob er diese verantwortungsvolle Aufgabe für dich an meiner Statt übernimmt. Es ist schwer zu verstehen, warum dies von Bedeutung ist, aber ich möchte, dass du weißt, dass es eine hat.

Familien geben uns unsere Wurzeln, unser Erbe und unsere Vergangenheit. Sie geben uns auch das Sprungbrett für unsere Zukunft. Nichts auf der Welt ist stärker als der Bund, den eine Familie formen kann. Das ist ein Bund aus reiner Liebe, der jedem Druck standhält, solange die Liebe in den Vordergrund gestellt wird.

Es ist wichtig, dass du begreifst, dass Familien in allen Formen und Größen vorkommen. Einige sehr gesegnete Menschen haben die Möglichkeit, ihr ganzes Leben als Teil der Familie, in der sie geboren wurden, zu leben. Andere Menschen, wie du, Jason, stehen durch einige Umstände ohne Familie da, vom Nachnamen abgesehen. Diese Menschen müssen hinausgehen und sich eine Familie schaffen."

Als ich in meinen Sessel zurückgelehnt über Red Stevens' tiefgründige Worte nachdachte, klingelte die Sprechanlage auf meinem Schreibtisch. Ich drückte auf den Knopf, sagte „Ja" und hörte meinen stets zuverlässigen und effizienten Gerichtsschreiber Scott: „Euer Ehren, wir sind alle im Konferenzraum zum Mittagessen versammelt."

„Ich bin schon auf dem Weg", antwortete ich und hoffte, dass er nicht bemerken würde, dass ich das völlig vergessen hatte.

Schon viele Jahre hatte ich alle Kollegen monatlich zum Mittagessen eingeladen, und heute war wieder so ein Tag. Ich eilte in den Konferenzraum, der eigentlich für Richter und Anwälte reserviert war, den ich aber auch für die monatlichen Mittagessen nutzte. Ich setzte mich an meinen Platz am Kopf des Tisches, genau unter das Portrait meines Freundes und Mentors Richter Eldridge. In all den Jahren, die ich hier saß, spürte ich immer seine Gegenwart und glaubte irgendwie, dass es ganz passend war, wenn Richter Eldridge Teil der monatlichen Mittagessen war.

Rechts von mir saß Paul, mein Gerichtsdiener. Die meisten Menschen hielten Paul für einen lebendigen Riesen. Ich hatte nie nach seiner genauen Größe gefragt, aber er war definitiv näher an 2,00 Metern als an den durchschnittlichen 1,75 Metern. Die Tatsache seiner imposanten Größe hatte uns schon viele Male im Gerichtssaal gute Dienste geleistet, wenn wir mit sehr erregten oder sogar potenziell gewalttätigen Personen zu tun gehabt hatten. Obwohl wir alle wussten, dass Paul keiner Fliege etwas zuleide tun würde, hatte uns seine Anwesenheit schon vor manch unangenehmer Situation bewahrt.

An Pauls rechter Seite saß Jim, mein zweiter Gerichtsdiener. Wenn Paul imposant und einschüchternd wirkte, so war Jim fürsorglich und die Ruhe in Person, wo immer er war. Er schien die Menschen wahrlich zu verstehen und war fähig, mit ihnen zu kommunizieren. In den Jahren habe ich oft beobachtet, dass er viele ärgerliche Prozessierende einfach nur durch ein besänftigendes Lächeln und ein paar freundliche Worte zur Ruhe brachte.

Den beiden gegenüber und zu meiner Linken saß mein langjähriger Gerichtsschreiber Scott. Immer wenn wir das Essen vorbereiteten, suchte Scott sich sorgfältig seine Tabletten und verschiedenen Medikamente zusammen, die er im Kampf gegen den Krebs einnehmen musste. Als wir hörten, dass bei Scott Krebs diagnostiziert wurde, waren wir alle sehr betroffen und bestürzt. Eigentlich jeder, außer Scott selbst. Er lebte eine solche Anmut, Würde und Ausdauer, dass er mich immer wieder in Erstaunen versetzte.

Als wir mit dem Essen begannen, unterhielten wir uns über unsere Familien, über Sport und sogar die Politik. Wir hatten viele gemeinsame Erfahrungen und Emotionen, weil wir im Gerichtssaal ständig gemeinsam in der Schusslinie standen. Das war vielleicht schwer nachzuvollziehen, aber irgendwie war es, als ob wir gemeinsam einen Kampf bestanden hätten. Wir vertrauten einander und hatten ein sehr tiefes Verständnis füreinander.

Als meine drei Kollegen immer wieder freundschaftlich miteinander scherzten, lehnte ich mich zurück – zusammen mit Richter Eldridge über mir – und genoss einfach ihre Gesellschaft.

Als unsere Zeit des Mittagessens sich langsam dem Ende zuneigte und die Nachmittagssitzung unseres Prozesses näher kam, wanderten meine Gedanken zurück zu Red Stevens und seinen Worten über das einzigartige und wundervolle Wesen einer Familie. Und als ich meinen Stuhl zurückschob, erkannte ich, dass wir – genau hier in diesem besonderen Raum um diesen besonderen Tisch – irgendwie unsere eigene Familie geformt hatten.

Zurück im Gerichtssaal eröffnete ich erneut die Verhandlung und wandte mich sogleich an L. Myron Dumbly und die Familie Stevens.

„Das Gericht kann die Einwände der Klägerseite nachvollziehen und stimmt damit überein, dass Jason Stevens sehr wenig oder gar keine Erfahrung mit dem hat, was man als eine gewöhnliche Familie bezeichnen könnte."

Erwartungsvolles Murmeln breitete sich auf dieser Seite des Gerichtssaals aus, als die Familie den Zuspruch erwartete.

„Auf der anderen Seite habe ich Red Stevens' Gedanken und Grundsätze bezüglich des *Geschenks der Familie* noch einmal genau betrachtet und komme zu dem Schluss, dass die Erfahrung einer wundervollen, gewöhnlichen Familie – wenn diese auch unbezahlbar ist – nicht notwendig ist."

Ich sah zu Jason und Hamilton auf die andere Seite des Ganges und urteilte: „Es ergeht folgendes Urteil: Obwohl auf einzigartige und ungewöhnliche Weise, hat Jason Stevens gezeigt, dass er das *Geschenk der Familie,* so wie von Red Stevens vorgesehen, verstanden hat. Deshalb wird ihm die Zeitspanne von 30 Tagen gegeben, um zu beweisen, dass er auch die Fähigkeit besitzt, dieses Geschenk an Menschen weiterzugeben, die diese Erfahrung einer Familie dringend benötigen."

———— •◦• ————

Während des folgenden Monats betrachtete ich das Konzept der Familie aus einer ganz anderen Perspektive. Auf einmal war ich noch dankbarer für meine biologische Familie und nahm die anderen Arten von Gemeinschaft, zum Beispiel meine Arbeits-Familie, bewusster wahr und wurde auch dankbarer für die anderen Menschen, die mein Leben wertvoll machten.

Jason war wieder zurück im Zeugenstand, und Hamilton hatte ihn angewiesen, über seine Aktionen während des letzten Monats zu berichten, durch die er anderen geholfen hatte, das *Geschenk der Familie* zu verstehen.

Jason erklärte: „Zuerst dachte ich lange über die verschiedensten Personen nach, mit denen ich in Kontakt stand und die die Dinge benötigten, die eine Familie gibt. Die Kinder von der Samstagsschule im Park scheinen nicht alle eine gute Familie zu haben, aber Tom und alle anderen Teilnehmer der Samstagsschule hatten begonnen, diese Rolle zu übernehmen. Die alleinerziehenden Mütter waren auf der Suche nach gesunden Familienbeziehungen, aber die Gemeinschaft mit den anderen Müttern und alles, was sie gemeinsam unternehmen, macht einen wirklichen Unterschied in ihrem Leben. Deshalb entschied ich, mich auf die sieben Familien zu konzentrieren, denen Alexia und ich geholfen hatten und die ein Kind verloren haben oder es gerade verlieren.

Seit dem letzten Monat sind wir sogar noch von weit mehr Familien kontaktiert worden, denen dieses furchtbare Ereignis bevorsteht. Wir organisierten eine einfache und formlose Selbsthilfegruppe, damit der Schmerz, die Freude und das Gelernte mit den anderen Familien in Trauer geteilt werden konnte.

Dieser Abend tat allen sehr gut, und deshalb werden wir dies zu einer monatlichen Einrichtung machen. Einige der Familien, die ihre Kindern schon vor ein paar Monaten verloren haben, können auf diese Art anderen helfen, die gerade erst der Wahrheit ins Auge sehen und noch so viele schwierige Situationen vor sich haben. Die auseinandergerissenen Familien kommen zusammen und können anfangen zu versuchen, einen Weg zu finden, diese tiefe Lücke, die das Kind in der Familie hinterlassen hat, wieder zu füllen."

Hamilton hatte keine weiteren Fragen und übergab das Wort an Dumbly.

Dumbly fragte: „Sind diese Personen irgendwie miteinander verwandt?"

„Nein", antwortete Jason, „nur dadurch, dass sie denselben Schmerz und dasselbe Leid gemeinsam haben."

Dumbly forschte weiter: „Also haben Sie in Wahrheit eine erfolgreiche Selbsthilfegruppe ins Leben gerufen, und auch wenn dies vielleicht sehr wertvoll ist, wie können Sie dies als Familie bezeichnen?"

Jason schwieg für einige Sekunden und sprach dann mit voller Überzeugung: „Mein Großvater glaubte – und das glaube ich auch –, dass eine Familie nichts weiter ist als eine kleine Gruppe Menschen in unserem Leben, die uns die Liebe, die Unterstützung und die Ermutigung entgegenbringt, die wir uns alle wünschen und von einer Familie brauchen."

Dumbly entließ Jason und wandte sich direkt an mich, bevor ich das Urteil aussprechen würde.

Dumbly flehte: „Euer Ehren, das Gericht muss in diesem Punkt im Sinne meiner Klienten urteilen, da es hier um das *Geschenk der Familie* geht, wie es in Red Stevens' letztem Willen und Testament dargelegt wurde. Obwohl Herr Jason Stevens Ehrenhaftes erreicht hat, kann man in keinster Weise behaupten, dass er damit anderen hilft, das *Geschenk der Familie* zu verstehen."

„Diese Menschen …" Dumbly zeigte auf seine Seite des Gerichtssaals „… sind im wahrsten Sinne des Wortes eine Familie, und sie verdienen es, als solche anerkannt zu werden und durch das Gericht ihre Familienehre zurückzuerhalten."

Ich dankte Dumbly für die Ausführung seiner Gedanken, nickte dankend zu Hamilton und sprach für das Protokoll:

„Das Gericht stimmt damit überein, dass Jason Stevens' Bemühungen sich nicht in einer Umgebung abgespielt haben, die man für gewöhnlich als Familie definieren würde. Dies erfüllt auch nicht die rechtliche Definition einer Familie. Trotzdem erfüllt er Red Stevens' Definition einer Familie, so wie er sie für seinen Enkel im *Geschenk der Familie* vorgesehen hatte. Das Gericht entscheidet zugunsten Jason Stevens', und der Prozess wird morgen um 10.00 Uhr fortgesetzt. Wir werden uns dem *Geschenk des Lachens* zuwenden."

KAPITEL IX

Das Leben des Lachens

*Es ist unmöglich, Angst, Hass oder Niedergeschlagenheit
zu verspüren, wenn man lacht.*

Nachdem die Entscheidung in Bezug auf das *Geschenk der Familie* gefallen war, kehrte ich in mein Büro zurück, um einiges an Papierkram zu erledigen. Dort würde ich auf meine attraktive Verabredung zum Abendessen warten. Für Marie und mich fühlte es sich so an, als ob unsere Beziehung heute noch genauso kribbelnd und spannend war wie damals am Anfang, weil wir so miteinander sprachen wie damals und uns auch immer noch verabredeten.

Ich hatte fast alles erledigt, was mir meine Gerichtsdiener auf den Schreibtisch gelegt hatten, als Marie durch die Tür aus Mahagoni hereinkam.

Sie lächelte: „Euer Ehren, ich hoffe, Sie zeigen sich heute von Ihrer besten Seite, denn ich hätte noch ein anderes Angebot."

Ich lächelte zurück und fragte nach: „Über welche Art von Angebot sprechen wir?"

„Nun", erklärte sie, „als ich das Gerichtsgebäude betrat, befand sich ein neuer Sicherheitsmann im Eingangsbereich, und er kannte mich nicht. Ich erzählte ihm, dass ich hier meine Verabredung zum Abendessen treffen würde, und er antwortete, dass er in 45 Minuten Dienstschluss hätte, wenn ich so lange warten möchte."

Ich klopfte auf meinen Richtertisch, als ob ich meinen Hammer verwenden würde, und täuschte Wut vor: „Also das ist ja unerhört – dessen Job werde ich mir holen!"

Marie lachte herzlich und sagte: „Euer Ehren, ich denke nicht, dass Sie einen guten Wachmann abgeben würden, und ich denke nicht, dass man Ihnen eine Waffe anvertrauen würde. Am besten behalten Sie Ihren Status als Richter."

Marie fragte mich, wie mein Tag im Gericht gewesen sei, und ich erzählte ihr alles über den Stevens-Prozess und das *Geschenk der Familie*.

Marie fragte: „Und, was steht als Nächstes auf dem Programm?"

Ich erklärte ihr, dass es morgen um das *Geschenk des Lachens* gehen würde, das Red Stevens für Jason in seinem letzten Willen und Testament hinterlassen hatte.

Marie war neugierig und fragte mich, wie ich so genau wisse, was Red Stevens für seinen Enkel wollte. Da erzählte ich ihr von den Aufzeichnungen, die Red gemacht hatte, um Jason die Geschenke nach seinem Tod zu übergeben.

„Wie funktioniert das genau?", wollte Marie wissen.

Ich dachte einen Moment nach, nahm dann die DVD, auf der „*Das Geschenk des Lachens*" stand, und sagte: „Ich zeige es dir. Oder besser, Red Stevens wird es dir zeigen."

Und schon erschien Red Stevens auf dem Bildschirm. Ich drückte noch kurz auf „Pause", damit ich mich wieder in meinen Sessel setzen und Marie auf einem der Gästesessel Platz nehmen konnte.

Sie starrte Red Stevens an und fragte: „Wie lange vor seinem Tod wurde das aufgezeichnet?"

„Soweit ich weiß, wurde es erst einige Wochen vor seinem Tod fertiggestellt."

Marie dachte laut: „Es ist wirklich schade, dass ein Mensch über eine Kamera zu seinem Enkel sprechen muss, anstatt von Angesicht zu Angesicht. Und das so kurz vor seinem Tod."

Ich ließ mir ihre Sichtweise kurz durch den Kopf gehen und sagte dann: „Es ist traurig, aber ich glaube, dass Red wusste, dass dies der einzige Weg war, wie er eine Chance hatte, Jason zu erreichen."

Auf einmal war es still in meinem Büro, so drückte ich wieder auf „Play", und Red teilte seine Gedanken und Gefühle Jason mit.

„In diesem Monat geht es um das *Geschenk des Lachens*. Das *Geschenk des Lachens*, über das du etwas lernen sollst, ist nicht das eines Komikers in einem Nachtclub oder eines lustigen Films. Es ist die Fähigkeit, sich selbst, seine Probleme und das Leben im Allgemeinen zu betrachten und einfach zu lachen. Manche Menschen leben ein unglückliches Leben, nur weil sie die Dinge zu ernst nehmen. Ich hoffe, du hast in den letzten sechs Monaten gelernt, dass es im Leben Dinge gibt, die man ernst nehmen und wertschätzen sollte. Aber ein Leben ohne Lachen ist nicht wert, gelebt zu werden.

In diesem Monat möchte ich, dass du hinausgehst und eine Person als Beispiel findest, die gerade Schwierigkeiten oder Herausforderungen in ihrem Leben erlebt und dennoch die Fähigkeit zu lachen beibehält. Wenn jemand im Angesicht aller Widrigkeiten trotzdem noch lachen kann, wird er sein ganzes Leben lang glücklich sein."

Arm in Arm verließen Marie und ich das Gebäude, und schlenderten durch den Park in Richtung eines beliebten griechischen Restaurants. Wir erinnerten uns an gute und schlechte Zeiten und lachten über alles. Einige der schlimmsten Zeiten, die wir finanziell erlebt hatten, oder einige miserable Umstände, die wir ertragen hatten, schienen im Nachhinein einfach nur komisch. Wir genossen ein wundervolles Abendessen und hörten dabei lebensfrohe griechische Live-Musik.

Als der Abend dem Ende zuging, entschuldigte ich mich und suchte die Toilette auf. Kurz darauf kehrte ich zurück und nahm meinen Platz wieder ein. Ich werde wohl nie herausfinden, wie sie das gemacht hatte, aber vor mir saß Marie über ihre Dessertkarte gebeugt und trug plötzlich eine rote Clownsnase, einen Schnurbart und eine riesige Brille.

Sie sagte voller Würde und Feierlichkeit: „Euer Ehren, wenn es dem Gericht gefällt – hier ist Euer *Geschenk des Lachens*."

Ich hörte Paul, wie er das gewohnte „Erheben Sie sich" anstimmte. Dann stieg ich die drei Stufen empor, wie ich es schon unzählige Male getan hatte. Ich hatte mir schon oft gedacht, dass ich diesen Ablauf wohl schon schlafend durchspielen könnte, wenn mich jemand darum bitten würde. Ich nahm auf meinem Richterstuhl Platz, klopfte mit dem Gerichtshammer und eröffnete den Prozess. Ich wusste, dass ein gewisses Maß an Prunk und besonderen Gegebenheiten für meine Dienste als Richter dazugehörten, aber Maries *Geschenk des Lachens* war für mich noch so präsent, dass es mir heute schwer fiel, ernst zu bleiben.

Ich grüßte Hamilton und bat ihn, den Prozess zu beginnen. Er lotste Jason durch seine Aussage darüber, wie Red Stevens ihn angewiesen hatte, hinauszugehen und jemanden zu finden, der wahren Herausforderungen gegenüberstand und diese mit Lachen meisterte. Jason erzählte, wie er seinen Freund David Reese kennenlernte, einen blinden jungen Mann, der seiner Blindheit und allen anderen Dingen des Lebens mit Humor begegnete.

Hamilton gab Jason frei, der daraufhin den Zeugenstand verließ. Dann rief Hamilton David Reese als Zeugen auf.

Ein attraktiver junger Mann, der eine schwarze Brille trug und einen weißen Stock in der Hand hielt, bewegte sich zielsicher und flink auf die Zeugenbank zu. Er klopfte die Stufe ab, die zur Zeugenbank führte, und bewältigte sie geschickt. Er setzte sich, und mein Gerichtsdiener Jim bat ihn, seine Hand auf die Bibel zu legen. David Reese führte die Bitte aus und schwor, die Wahrheit zu sagen und nichts als die Wahrheit. Dann näherte sich Theodore J. Hamilton und sagte: „Guten Tag, Herr Reese. Danke, dass Sie heute gekommen sind."

David Reese lächelte: „Es ist schön, Sie wiederzusehen, Herr Hamilton. In der Tat, es ist immer schön, Menschen wiederzusehen."

Verhaltenes Lachen war im Gerichtssaal hier und dort zu hören.

David fuhr fort: „Ich weiß nicht, wer diese Stufe hier hinauf erfunden hat, aber ich wette, dass dieser Mensch nicht blind war."

David drehte seinen Kopf in Hamiltons Richtung und sagte: „Sie tragen schon wieder eine sehr schöne Krawatte, Herr Hamilton. Wie viele davon besitzen Sie?"

Das Gelächter wurde laut, bis Dumbly rief: „Euer Ehren, wir erheben Einspruch. Der Verteidiger führt hier ein inszeniertes Theater auf."

„Ich habe nicht gewusst, dass wir hier im Theater sind", gab David zurück. Und er fragte: „Und wer ist dieser Mensch? Welche Rolle spielt er?"

Dumbly wurde ungehalten und verkündete: „Junger Mann, ich bin L. Myron Dumbly von der Kanzlei Dumbly, Cheetham und Leech."

David lachte und stichelte: „Wow, Menschen wie Sie sind sehr hart zu einem Blinden wie mir, der einfach versucht, etwas Fröhlichkeit zu verteilen. Ich muss dafür arbeiten, dass Menschen über mich lachen, und es scheint für sie so natürlich zu sein."

Wieder erschallte Gelächter, und David fragte: „Ist das Ihr echter Name, oder haben sie einen Komödienautor damit beauftragt?"

Ich musste selbst kichern, aber schließlich sorgte ich mit dem Hammer für Ordnung.

Ich wandte mich an David Reese: „Herr Reese, auch wenn Ihr Humor frischen Wind in meinen Gerichtssaal bringt und wir gerade das *Geschenk des Lachens* entdecken, so muss ich Sie darauf hinweisen, sich an die Fragen des Anwalts zu halten."

David Reese lächelte unschuldig, zuckte mit den Schultern und nickte: „Schön. Dann legen wir los."

Hamilton fuhr mit der Befragung fort: „Herr Reese, ist es wahr, dass Sie Jason Stevens während einer Bahnfahrt kennengelernt haben, als er auf der Suche nach dem *Geschenk des Lachens* war, wie es Red Stevens angeordnet hatte?"

„Ja, das ist absolut korrekt."

Dumbly setzte an, sich zu erheben, aber ich blickte ihn scharf an und deutete ihm, sich wieder zu setzen.

Hamilton fuhr fort: „Haben Sie seitdem eine Beziehung zu Jason Stevens aufgebaut?"

David nickte und sagte: „Absolut."

„Welche Art von Beziehung?", forschte Hamilton weiter.

„Nun, wir sind Freunde. Wir treffen uns ab und an und sprechen viel per Telefon. Vor Kurzem erst hat sich Jason mit mir und einigen meiner Schüler an der Blindenschule getroffen. Wir kennen unterschiedliche Menschen und verkehren in verschiedenen Kreisen, so tauschen wir die aktuellsten Witze aus. Wenn ich etwas Lustiges sehe – das ist kein Witz – oder Jason etwas besonders gut findet, dann teilen wir das miteinander."

„Und warum ist der Humor so wichtig in Ihrem Leben?", fragte Hamilton.

David Reese seufzte tief und war zum ersten Mal am heutigen Tag ernst: „Manchmal sind das Lachen und mein Humor alles, was

Das ultimative Leben

ich habe. Blind zu sein kann unendlich schwierig und deprimierend sein. Die Menschen wissen oft nicht, wie sie mit einem umgehen sollen, und sie haben Angst, etwas Falsches zu sagen oder zu tun, deshalb meiden sie dich einfach. Aber Lachen ist eine universelle Sprache. So wie heute hier im Gerichtssaal. Ich bin mir sicher, dass einige nervös waren und nicht wussten, was sie von mir halten sollten, als ich hier mit meiner verdunkelten Brille und meinem weißen Stock hereinspazierte. Aber einige Späßchen später waren wir alle wieder entspannt, und nun sind wir einfach Freunde."

Hamilton dankte David für sein Erscheinen und erklärte: „Euer Ehren, ich habe keine weiteren Fragen an den Zeugen."

Dumbly stand auf und begann sofort: „Herr Reese, haben Sie irgendwelche psychologischen Seminare besucht?"

David lachte und erwiderte: „Nein, aber ich war schon bei einem Psychologen. Doch dort war ich mehr der Klient in Behandlung als der Therapeut."

Wieder war leichtes Gekicher von den Anwesenden zu hören, aber Dumbly ignorierte dies und fuhr fort: „Würden Sie sagen, dass Jason Steven Ihnen dabei geholfen hat, Ihre Situation besser zu verstehen oder besser mit ihr zurecht zu kommen durch das Lachen?"

David antwortete: „Jason ist mein Freund, und wir lachen gemeinsam. Wir alle haben Situationen, mit denen wir umgehen müssen, aber manchmal ist es einfach nett, jemanden zu haben, der dich mag und das Lachen mit dir teilt."

David machte eine kurze Pause und fragte dann: „Werden Sie eigentlich manchmal ‚Dum' genannt?"

Ich stimmte in das Lachen ein, das sich im Saal ausbreitete. Dumbly aber war knallrot und schockiert. Er stammelte und deutete mit dem Finger auf mich, dann auf Hamilton und schließlich auf David Reese, bevor er sich einfach setzte. Als es wieder ruhig geworden war, fragte ich Dumbly, ob er noch weitere Fragen habe. Er schüttelte energisch und angewidert den Kopf und vergrub sich in den Dokumenten vor ihm.

Dann wandte ich mich an meinen Gerichtsschreiber Scott: „Bitte notieren Sie, dass das Gericht zu dem Schluss kommt, dass Jason Stevens gezeigt hat, dass er das *Geschenk des Lachens*, so wie es im letzten Willen und Testament von Howard ‚Red‘ Stevens gewünscht wurde, verstanden hat. In 30 Tagen werden wir darüber entscheiden, ob er auch die Fähigkeit hat, das *Geschenk des Lachens* an andere weiterzugeben. Das Gericht ist vertagt.“

Im Laufe des nächsten Monats gab es entweder mehr humorvolle Situationen in meinem Leben, oder das *Geschenk des Lachens* von Red Stevens und Jason ließ mich alle Möglichkeiten des Lebens, in denen wir das Lachen genießen, bewusster wahrnehmen.

„Bitte notieren Sie, dass das Gericht heute über das *Geschenk des Lachens*, in Bezug auf Red Stevens letzten Willen und Testament, entscheiden wird, ob Jason Stevens die Fähigkeit besitzt, dieses an andere weiterzugeben.“

Ich winkte Theodore J. Hamilton zu und fragte: „Herr Hamilton, können Sie heute morgen bitte beginnen?“

„Es ist mir eine Ehre, Euer Ehren.“

Hamilton rief Jason in den Zeugenstand. Jason setzte sich, und Hamilton legte los: „Jason, haben Sie im letzten Monat die

Gelegenheit gehabt, das *Geschenk des Lachens*, das Ihr Großvater Ihnen vermittelte, weiterzugeben?"

Jason nickte enthusiastisch und begann: „Ja. Ich habe viel über das *Geschenk des Lachens* nachgedacht und darüber, wer es wohl am meisten brauchen würde. Als ich das Seniorenheim besuchte, um zu sehen, wie es mit den Anrufen der Schüler aus der Blindenschule weitergegangen war, hatte ich meine Antwort gefunden.

Die Bewohner dieses Heimes haben oft große chronische Schmerzen, und viele von ihnen hatten den Lebenspartner und viele ihrer lebenslangen Freunde bereits verloren. Außerdem sehen sie ihre Kinder und Enkel wohl weit weniger oft, als sie es sich wünschen würden. Deshalb fühlte ich, dass sie das *Geschenk des Lachens* brauchen würden."

Hamilton drängte: „Wie haben Sie das ermöglicht?"

Jason fuhr fort: „Also, nach dem Frühstück versammeln sich die Heimbewohner jeden Tag in Gruppen um den Fernseher, draußen auf der Terrasse oder in einem der Gemeinschaftsräume in der Nähe der Zimmer. Ich ging also herum und ließ alle wissen, dass es ab jetzt eine neue Veranstaltung geben würde: den Kreis-des-Lachens am Montagmorgen.

Jedem Teilnehmer dieser Gruppe würde es abwechselnd erlaubt sein, etwas Humorvolles, das ihm kürzlich widerfahren ist, oder eine lustige Erinnerung aus den vergangenen Tagen mit den anderen Heimbewohnern zu teilen. Nichts anderes als Humor würde an Montagen erlaubt sein."

Hamilton nickte und fragte: „Was sind nun die Ergebnisse dieses Kreis-des-Lachens?"

„Es ist wirklich erstaunlich", erklärte Jason, während er in die Tasche griff und einen Umschlag herausholte. „Hier ist ein Brief der Heimleiterin. Darin schreibt sie, dass sie gerade die Daten von Ärzten und Krankenschwestern zusammentragen und dass die bisherigen Ergebnisse bereits gezeigt haben, dass die Bewohner besser schlafen können, weniger Medikamente brauchen und sich generell an den Montagen besser fühlen als an allen anderen Tagen der Woche. Einer der Ärzte plant jetzt, einen Bericht für ein medizinisches Magazin zu schreiben und über den Erfolg des Kreis-des-Lachens zu berichten."

Hamilton dankte Jason und sagte zu Dumbly: „Ihr Zeuge."

Dumbly nickte automatisch und begann: „Herr Stevens, haben Sie diese älteren Heimbewohner irgendetwas über Humor oder das Lachen gelehrt?"

Jason schüttelte den Kopf: „Nein, nicht wirklich."

„Haben Sie die Unterhaltung dieser Gruppen irgendwie gesteuert oder geleitet?"

„Nein", erklärte Jason.

Dumbly begann hin und herzulaufen, schüttelte enttäuscht über Jasons Antwort den Kopf und fragte dann: „Was haben Sie also wirklich erreicht, außer die Menschen zusammenzubringen und über das Lachen zu diskutieren?"

„Nichts", entgegnete Jason. „Mein Großvater lehrte mich – und ich habe erkannt –, dass jeder von uns Humor hat. Er umgibt uns jeden Tag. Man findet das Potenzial zu lachen in allem, wenn wir es einfach wahrnehmen und mit anderen teilen. Aber mein Großvater hat mich durch das *ultimative Geschenk* auch gelehrt, dass wir die Gelegenheiten verpassen würden, wenn wir nicht nach all den guten Dingen und Geschenken in unserem Leben Ausschau halten. Ich habe einfach einer Gruppe Menschen dabei geholfen, sich auf das Lachen zu konzentrieren anstatt auf Schmerz, Leid und Einsamkeit."

Dumbly winkte Jason und murmelte: „Der Zeuge ist entlassen."

Dumbly blickte mich an und sagte: „Euer Ehren, es ist offensichtlich, dass Jason Stevens niemandem das *Geschenk des Lachens* weitergegeben oder gebracht hat. Diese Menschen im Heim hatten es sowieso. Ich bitte das Gericht, zugunsten meiner Klienten zu entscheiden, den rechtmäßigen Erben des Red-Stevens-Vermögens."

Ich nickte, als Dumbly zu seinem Platz zurückkehrte, und verkündete allen Anwesenden: „Herr Dumbly, ich stimme mit Ihnen überein."

Aufgeregtes Geflüster wurde unter der Familie Stevens laut.

Ich klopfte mit meinem Gerichtshammer und begann nochmals: „Ich stimme mit Ihnen darin überein, dass Jason den Heimbewohnern nichts gebracht hat, was sie nicht schon hatten. Aber so wie ich Red Stevens Absichten bezüglich des Geschenks des Lachens verstehe, ist die Tatsache, dass Jason es ihnen möglich machte, das Lachen zu verstehen und auszudrücken, das größte Geschenk von allen."

Ich gebrauchte meinen Hammer und urteilte: „Das Urteil fällt zugunsten Jason Stevens. Wir werden morgen fortfahren und uns dem *Geschenk der Träume* zuwenden."

Kapitel X

Das Leben der Träume

Träume sind der Wesenskern all dessen,
was wir werden können.

D er nächste Morgen begrüßte mich, als ich gerade zurückgelehnt in meinem Ledersessel saß, eine Tasse Kaffee in der Hand hielt und durch mein Fenster im Osten den Sonnenaufgang erwartete. Während ich an meinem gewohnten Platz war, war es die Sonne nicht. Zumindest hätte ich es unter Eid nicht schwören können. Sie war von Wolken verschleiert, und ein nebliger Dunst hing über der Stadt. Sogar die beständigsten und permanenten Strukturen sahen an diesem Morgen aus meinem Fenster betrachtet vergänglich aus.

Die Realität ist oft nicht einfach zu definieren, und nicht alles ist so, wie es zu sein scheint. Ein Vorsitzender Richter tut gut daran, diese Dinge sowohl persönlich als auch beruflich zu beherzigen.

Ich hielt die DVD mit der Aufschrift *„Das Geschenk der Träume"* in der Hand, als ich über die Ironie des Lebens nachdachte und darüber, was Red Stevens wohl über Träume aufzeigen würde. Der beinahe schon gewohnte Anblick von Howard ‚Red' Stevens erschien auf dem Bildschirm.

„Jason, in diesem Monat wirst du über ein Geschenk lernen, das zu jedem großen Mann und zu jeder großen Frau gehört: Das *Geschenk der Träume*. Träume sind der wesentliche Bestandteil des Lebens – nicht so, wie es ist, sondern, wie es sein könnte. Träume werden in den Herzen und Gedanken ganz besonderer Menschen geboren, aber die Früchte dieser Träume werden Wirklichkeit und von der ganzen Welt genossen.

Du weißt es vielleicht nicht, aber Theodore Hamilton ist weit und breit als der beste Anwalt im ganzen Land bekannt. Und ich weiß, als wir uns kennenlernten, war es einer seiner Träume, seinen Beruf auf dieser Ebene auszuüben, und er lebt diesen Traum jetzt schon seit mehr als 50 Jahren. Aber dieser Traum wurde zuerst in seinem Herzen und seinen Gedanken wahr, bevor er in der Realität sichtbar wurde.

Ich kann mich noch gut daran erinnern, als ich durch die Sümpfe Louisianas streifte und davon träumte, der größte Ölfarm- und Rinderzucht-Baron in ganz Texas zu sein. Dieser Traum war so ein großer Teil von mir, dass es sich, als ich meine Ziele erreicht hatte, anfühlte, als ob ich an einen Ort heimkam, an dem ich aber noch nie zuvor gewesen war.

Als ich das *ultimative Geschenk* für dich zusammenstellte, habe ich versucht, mich zu entscheiden, welches der Geschenke das größte sei. Und wenn ich mich für eines entscheiden müsste, würde ich das *Geschenk der Träume* wählen, weil uns Träume ermöglichen, das Leben so zu sehen, wie es sein könnte, und nicht, wie es ist. Auf diese Weise gibt uns das *Geschenk der Träume* die Möglichkeit, hinauszugehen und jedes andere Geschenk zu bekommen, das wir von diesem Leben möchten.

Einer der ersten wahren großen Träumer, den ich in meinem Leben getroffen habe, hatte die Leidenschaft, Orte und Dinge zu erschaffen, die die Fantasie der Menschen anregten. Er hat viele Rückschläge und Misserfolge erlebt und auch viele Gegner. Aber ich habe ihn nie gesehen oder mit ihm gesprochen, ohne dass er mir von seinem letzten Projekt berichtet hätte. Er hatte die Gewohnheit, große Traum-Poster zu erstellen, die er an die Wand hing, um dann Pläne für jedes seiner Projekte zu erstellen.

Ich erinnere mich, dass er sogar auf dem Sterbebett verlangte, die Pläne für sein neuestes Projekt über ihn an die Decke des Krankenhauszimmers zu hängen. So konnte er weiterhin seine Träume betrachten, als er sie in seinen Gedanken erstellte.

Eines Tages besuchte ihn ein Reporter im Krankenhaus. Mein Freund war so schwach, dass er kaum sprechen konnte. Deshalb rückte er einfach ein Stückchen zur Seite, sodass der Reporter mit ihm auf dem Bett liegen und die Pläne an der Decke betrachten konnte, während mein Freund seinen Traum mitteilte.

Der Reporter war sehr davon angetan, wie diese Person immer noch so viel Leidenschaft in sich trug, während sie mit einer ernsthaften Erkrankung im Krankenhaus zu kämpfen hatte. Der Reporter beendete sein Interview, sagte Lebewohl zu meinem Freund und verließ das Krankenhaus.

Später an diesem Tag starb mein Freund.

Bitte begreife das Wesentliche dieser Geschichte. Eine Person, die ihr ganzes Leben mit einer solch brennenden Leidenschaft für ihren Traum lebt, dass sie sogar auf dem Sterbebett ihren Traum noch mit anderen teilt – dies ist ein glücklicher Mensch. Mein Freund hatte seinen Traum sein ganzes Leben lang in sich. Er wuchs ständig und breitete sich aus. Und wenn er einen Meilenstein seines Traumes erreicht hatte, erschien ein noch größerer und bedeutender.

Und in gewisser Hinsicht hat mein Freund viele Leute gelehrt, wie sie von einer besseren Welt träumen und sie sich vorstellen können. Sein Name war Walt Disney.

Aber lass mich dich warnen: Deine Träume für dein Leben müssen *deine* sein – sie können nicht jemandem anderen gehören. Und sie müssen ständig wachsen und sich ausbreiten.

Ich hatte auch einen anderen Freund, dessen Name du nicht kennen wirst. Er sagte, dass es sein Traum sei, hart zu arbeiten und mit 50 in den Ruhestand zu treten. Er arbeitete wirklich hart und erreichte einen gewissen Grad an Erfolg in seinem Beruf. Er hielt ständig an seinem Traum des Ruhestands fest, aber er hatte keine Leidenschaft darüber hinaus.

An seinem 50. Geburtstag kamen einige von uns zusammen, um beides zu feiern: seinen Geburtstag und seinen Ruhestand. Dies hätte einer seiner glücklichsten Tage sein können, wenn sein Traum die richtige Priorität gehabt hätte. Aber leider hatte er sein ganzes Leben mit seinem Beruf verbracht. Das war sein ganzer Stolz, und daraus hatte er seinen ganzen Selbstwert bezogen. Als er sich dann als noch relativ junger Mann ohne die Führung durch seinen Beruf vorfand, sah er der Ungewissheit des Ruhestands ins Auge. Nun hatte er, wovon er immer dachte, dass es es wollte, fand aber schnell heraus, dass dies keine lebenserfüllende Leidenschaft für ihn darstellte.

Einen Monat später beging mein zweiter Freund Selbstmord.

Der Unterschied zwischen einem Träumer, der auf seinem Sterbebett immer noch von seiner lebenslangen Leidenschaft erfüllt wurde, und einem anderen Träumer, dessen Ziel für seine Persönlichkeit so krankmachend war, dass er Selbstmord beging, sollte für dich ersichtlich sein.

Jason, es ist sehr wichtig, dass dein Traum zu dir gehört. Hier gibt es kein Patentrezept, das für jeden passt. Dein Traum sollte maßgeschneidert für deine Persönlichkeit sein, der ständig wächst und sich so entwickelt, wie du dich selbst entwickelst. Und der Einzige, der für deine Träume mit Leidenschaft erfüllt sein sollte, bist du.“

Ich betrachtete den Zusammenhang zwischen Träumen und der Realität in meinem eigenen Leben. Und als ich so über meine langfristigen Träume nachsann – einige davon waren schon erfüllt, andere noch nicht –, brach die Sonne durch die Wolken. Und was zuvor total düster und undeutlich aussah, entpuppte sich nun als der wunderschönste Sonnenaufgang, den ich seit Monaten gesehen hatte. Alles war bereits vorhanden gewesen.

Die Anspannung in meinem Gerichtssaal war am heutigen Tag wieder besonders groß. Und Theodore Hamilton geleitete Jason Stevens über jede einzelne Hürde. Die Herausforderungen schienen sogar noch größer zu werden, als dieses Alles-oder-nichts-Rennen in die Zielgerade einbog.

Ich erinnerte alle daran, dass Jason Stevens bezüglich seiner Aussage in diesem Prozess immer noch unter Eid stand.

Hamilton begann mit der Befragung: „Jason, welche Aufgabe hatte Ihnen Ihr Großvater in jenem Monat gestellt, als er das *Geschenk der Träume* mit Ihnen teilte?"

Jason sammelte seine Gedanken, dann erzählte er: „Mein Großvater bat mich, über mein eigenes Leben, meine Ziele und meine Träume nachzudenken. Darüber, was ich im Leben erreichen wollte."

Jason rutschte einen Moment lang unruhig hin und her, griff sich konzentriert an die Stirn und sah dann über den Saal hinweg. Er schien gedanklich in die damalige Zeit zurückzureisen.

„Ich dachte über unzählige Dinge nach, die ich in meinem Leben tun könnte. Aber als ich jeden einzelnen Punkt auf das Wesentliche reduzierte, schienen alle Gedanken in dieselbe Richtung zu gehen."

Hamilton nickte verstehend und ermutigte Jason. „Bitte teilen Sie uns heute Morgen mit, welche Gedanken Sie hatten."

„Nun, irgendwie ist es ganz einfach." erwiderte Jason. „Ich möchte benachteiligten jungen Menschen helfen. Damit meine ich nicht einfach junge Menschen, die kein Geld haben oder in herausfordernden Umständen stecken. Ich möchte vielmehr denen helfen, die all die Dinge nicht verstehen, die sie in ihrem Leben bereits haben. Ich denke, einfach ausgedrückt möchte ich mein Leben damit verbringen, das *ultimative Geschenk* mit jedem zu teilen, der mir über den Weg läuft."

Hamilton nickte und sagte: „Danke, dass Sie uns das mitgeteilt haben, Jason. Das wollte Ihr Großvater auch für Sie."

„Einspruch", wetterte Dumbly. „Es ist Sache des Gerichts

zu entscheiden, was Red Stevens' Absichten waren, und nicht die Angelegenheit von Herrn Hamilton."

Hamilton neckte Dumbly mit einer sachten Verbeugung und erklärte höflich: „In Ordnung. Ich überlasse Ihnen den Zeugen und dem Gericht die Entscheidung."

Dumbly ging auf die Zeugenbank zu und lehnte sich über das Geländer zu Jason.

„Herr Stevens, erscheint es Ihnen nicht einfach bequem, als Lebenstraum zu haben, anderen mit dem *ultimativen Geschenk* zu helfen? Kann es sein, dass Sie einfach nur die Macht über einige Milliarden haben möchten?"

Jason lächelte und sagte: „Ich habe das *ultimative Geschenk* mit allen geteilt, denen ich begegnete – seit es mein Großvater mir gab. Ich werde dies für den Rest meines Lebens tun, egal was passiert."

„Ich verstehe", erwiderte Dumbly skeptisch. „Haben Sie irgendwelche Erfahrungen damit, ein Leben in Armut zu führen?", fragte Dumbly.

Jason schüttelte den Kopf und lachte: „Nein, so ziemlich das Gegenteil, um ehrlich zu sein."

Dumbly fuhr fort: „Haben Sie irgendwelche Erfahrungen mit einer Art Einschränkung oder körperlichen Herausforderungen gemacht?"

Jason schüttelte erneut den Kopf: „Nein, ich hatte großes Glück und war mein Leben lang mit Gesundheit gesegnet."

„Wie kommen Sie dann darauf anzunehmen, dass Sie die Person sind, die anderen Menschen bei ihren Träumen helfen kann?

Sie können nicht einmal selbst Ihre Träume ohne das Geld Ihres Großvaters, das rechtmäßig und ethisch meinen Klienten zusteht, realisieren."

„Einspruch", sagte Hamilton. „Euer Ehren, so wie es aussieht, möchte Herr Dumbly nicht nur Anwalt und Zeuge sein, sondern dazu noch Richter, Geschworener und Gerichtsvollzieher."

Ich klopfte meinen Gerichtshammer: „Stattgegeben."

„Ich habe keine weiteren Fragen an den Zeugen", bemerkte Dumbly beiläufig, als er sich auf den Weg zurück zu seinem Tisch machte. Er lächelte seine Klienten an, die sich in den ersten drei Reihen versammelt hatten, drehte sich um und nahm Platz.

„Ein Traum ist ganz anders als die Realität", begann ich. „Es muss keinen Beweis für die Realisierbarkeit eines Traumes geben, damit dieser Gültigkeit besitzt. In der Tat ist es oft so, dass das, was einen Traum so außergewöhnlich macht, die Tatsache ist, dass er selten – wenn nicht nie – realistisch ist. Ich finde, dass Herrn Stevens' Traum sowohl nachvollziehbar als auch bewundernswert ist, wenn man ihn im Licht des letzten Willens und des Testaments seines Großvaters betrachtet."

Kollektives Murren hörte man von den Zuhörern hinter Dumbly. Dumbly saß mit offenem Mund da, weil er wohl geglaubt hatte, diesen Prozesstag sicher gewonnen zu haben.

Ich fuhr fort: „Jasons Stevens wird eine Zeitspanne von 30 Tagen gegeben, um seine Fähigkeit zu beweisen, dass er das *Geschenk der Träume* auch an andere weitergeben kann. Das Gericht ist vertagt."

Jason Stevens trug eine ziemlich große Kiste mit sich zum Zeugenstand und stellte diese neben sich auf den Boden. Hamilton bat ihn, seine Aktionen bezüglich des *Geschenks der Träume* im letzten Monat darzulegen, und Jason sprach:

„Ich begann den Monat damit, über junge Menschen nachzudenken, die das *Geschenk der Träume* am meisten benötigten. Dann erkannte ich, dass ich bereits Zugang zu einer Gruppe Jugendlicher hatte, die alle aus verarmten, kaputten und benachteiligten Verhältnissen stammten."

Jason machte eine Pause, sah auf die Kiste zu seinen Füßen und fuhr fort: „Ich ging zu der Samstagsschule im Park und erzählte allen Kindern vom *Geschenk der Träume*. Es gab mehrere Diskussionsgruppen und Übungen. Schließlich bat ich jede einzelne Person, ihre Lebensträume aufzuschreiben."

Hamilton grinste ausgiebig und sagte: „Sehr gut. Wären Sie bereit, uns hier und heute von einigen dieser Träume zu berichten?"

Jason nickte zuversichtlich und griff nach der Kiste. Er nahm einen Stoß Papier heraus und begann: „Taylor ist acht Jahre alt. Er möchte professioneller Baseballspieler bei den New York Yankees werden. Nicole ist neun, und sie möchte Astronautin werden. Markus ist auch neun und würde gerne Schauspieler werden. David ist elf, und sein Traum ist es, ein erfolgreicher Geschäftsmann zu werden, damit er seiner Mutter ein Haus und ein Auto kaufen kann. Laurie ist sieben, und sie möchte Präsidentin der USA werden."

Hamilton unterbrach ihn und erklärte zugunsten aller Anwesenden: „Danke, Jason, ich denke, das ist mehr als genug Beweis in dieser Sache. Ich habe keine weiteren Fragen."

„Herr Stevens", begann Dumbly, „wie, denken Sie, stehen die Chancen für ein Kind, das professioneller Baseballspieler, Astronaut oder sogar Präsident der USA werden möchte?"

„Ich habe keine Ahnung", zuckte Jason die Schultern.

Dumbly schoss zurück: „Nun, würden Sie nicht auch sagen, dass es sehr unwahrscheinlich ist?"

Jason dachte kurz nach und sagte dann: „Hmm, vielleicht."

Nun wollte Dumbly ihm den Todesstoß versetzen: „Dann erklären Sie bitte dem Gericht, was der Sinn dieses ganzen Prozederes ist."

Jason legte den Papierstoß behutsam wieder in die Kiste zurück, setzte sich aufrecht hin und erklärte: „Es geht nicht darum, was diese Kinder träumen. Es geht darum, dass sie – gerade weil sie aus einem hilflosen und hoffnungslosen Umfeld kommen – überhaupt einen Traum haben. Mein Großvater lehrte mich, dass Träume wachsen und sich verändern können. Es ist nicht so wichtig, welchen Traum man hat – es ist wichtig, überhaupt einen Traum zu haben."

Dumbly ließ von Jason ab, und ich urteilte überzeugt: „Jason Stevens hat zur vollsten Zufriedenheit des Gerichts bewiesen, dass er die Fähigkeit und das Verlangen hat, das *Geschenk der Träume* an andere weiterzugeben. Am nächsten Montag werden wir uns mit dem *Geschenk des Gebens* beschäftigen."

Kapitel XI

Das Leben des Gebens

In diesem Leben verlieren wir oft, was wir versuchen zu behalten, und werden alles behalten, was wir versuchen loszuwerden.

Das Medieninteresse an der Samstagsschule nahm ungeahnte Ausmaße an. Die bisher unbekannten Stadtkinder wurden von heute auf morgen zu bekannten Persönlichkeiten im ganzen Land.

Ich sah mir ein Interview mit dem neunjährigen Markus an, der den Traum hatte, Schauspieler zu werden. Die Reporter warfen ihm abwechselnd Fragen zu, ein Blitzlichtgewitter erhellte den Raum, und ein ganzer Haufen Mikrofone streckte sich ihm entgegen. Markus war ruhig, cool und gefasst. Er beantwortete jede Frage, als ob ihm jemand die Antworte diktiert hätte, seine Stimme zitterte nie, und seine ganze Erscheinung war niemals nervös.

Am Ende seiner paar Minuten im Ruhm war ich mir sicher, dass Markus auf der Top-Kandidaten-Liste landen würde, wäre ich der Produzent eines großen Films.

Dann trat Laurie vor die Kameras. Ihre Erscheinung war zart, und sie schien ein bisschen durcheinander zu sein. Die Erklärung am unteren Rand des Bildschirms erinnerte mich daran, dass Laurie erst sieben war. Als man ihr die erste Frage stellte, richtete Laurie sich auf und zeigte sich der Lage mehr als gewachsen.

Ein Reporter begann: „Laurie, warum möchtest du Präsidentin der Vereinigten Staaten werden?"

Laurie unterstrich ihren Standpunkt mit Gesten: „Die Straßenlichter funktionieren nicht, die Schule muss gestrichen werden, in meinem Viertel laufen finstere Gestalten herum, und alle streiten sich ständig."

Der Reporter knüpfte an: „Nun, Laurie, was möchtest du dagegen unternehmen?"

„Ich werde es verändern!", erklärte Laurie in einer Art und Weise, die mich überzeugte, ihr meine Stimme zu geben. Und ich wäre nicht überrascht, wenn ich irgendwann in der Zukunft wirklich die Gelegenheit haben werde, für sie zu stimmen.

Am folgenden Wochenende konnte ich mich entspannen – was dringend notwendig war. Aber viel zu schnell war es wieder Montag, und jeder war zurück auf seinem gewohnten Platz im Gerichtssaal.

Ich eröffnete den Prozesstag und verkündete: „Heute werden wir uns dem *Geschenk des Gebens* zuwenden, das Jason Stevens von seinem Großvater gegeben wurde. Dieses Gericht wird sich die Beweise anhören, ob Jason Stevens die Wünsche seines Großvaters bezüglich des *Geschenks des Gebens* versteht und anwenden kann. Wie gewohnt werden wir zuerst Herrn Hamilton anhören, der Jason Stevens verteidigt."

Jason nahm auf der Zeugenbank Platz und erklärte, dass Red Stevens ihm die Aufgabe gegeben hatte, jeden Tag des Monats einen

Menschen zu finden, dem er ein Geschenk machen sollte. Ein Geschenk, das von Jason selbst kam. Diese Geschenke durften nicht mit dem Geld gekauft werden, das Jason von seinem Großvater erhalten hatte, sondern mussten wirklich etwas von ihm persönlich sein.

Hamilton stellte Nachforschungen an: „Was haben Sie in der Zeit getan?"

Jason sagte: „Nun, ich habe Dinge gefunden, die ich selbst herstellen konnte oder bereits hatte."

Hamilton nickte und sagte: „Können Sie uns diese mitteilen?"

Jason zog ein gefaltetes Stück Papier aus seiner Tasche. Er glättete es sorgfältig und las vor: „Am ersten Tag hielt ich an einem Einkaufsgeschäft und fand einen Parkplatz gleich in der ersten Reihe. Als ich aus meinem Auto stieg, bemerkte ich, wie ein älteres Ehepaar nach einem Parkplatz suchte. Also fuhr ich aus meinem Parkplatz und erlaubte ihnen, meinen Parkplatz zu nehmen – und ich suchte mir einen Parkplatz am hinteren Ende.

Am zweiten Tag geriet ich mitten im Stadtzentrum in ein Gewitter. Ich teilte meinen Regenschirm mit einer jungen Frau, die keinen eigenen hatte. Am dritten Tag ging ich zum Krankenhaus und spendete Blut. Am vierten Tag rief ich einen Mann in meiner Nachbarschaft an, um ihm zu erzählen, dass am Ende der Stadt ein guter Ausverkauf stattfand, weil er mir erzählt hatte, dass er neue Reifen kaufen musste. Am fünften Tag half ich einer älteren Dame, ihre Einkaufstaschen zu ihrem Auto zu tragen. Am sechsten Tag passte ich auf meine Nachbarskinder auf, damit ihre Mutter mit Freunden ausgehen konnte. Am siebten Tag ging ich zur

Blindenschule und las den Studenten Artikel vor. Am achten Tag bediente ich in einer Suppenküche, und am neunten Tag schrieb ich eine Karte und sandte einem Freund ein Gedicht.

Am zehnten Tag brachte ich meine Nachbarskinder zur Schule. Am elften Tag verpackte und verlud ich Spenden für die Heilsarmee. Am elften, zwölften und dreizehnten Tag ließ ich einige Austauschstudenten in meinem Haus übernachten. Am vierzehnten Tag half ich einer örtlichen Pfadfindergruppe bei ihrem wöchentlichen Treffen. An fünfzehnten Tag fand ich einen Mann, dessen Autobatterie leer war, und half ihm beim Starten seines Wagens. Am sechzehnten Tag schrieb ich einige Briefe an Menschen, die im Krankenhaus lagen. Am siebzehnten Tag besuchte ich das örtliche Tierheim und ging mit ein paar Hunden spazieren. Am achtzehnten Tag schenkte ich meine aktuellen Freiflugmeilen einer Schulband, die gerade einen Ausflug nach Kalifornien plante. Am neunzehnten Tag arbeitete ich mit einer örtlichen Hilfsorganisation zusammen und verteilte Mahlzeiten an Behinderte und ältere Leute.

An den Tagen zwanzig, einundzwanzig, zweiundzwanzig und dreiundzwanzig nahm ich eine Gruppe Stadtkinder, die noch nie zelten und fischen waren, mit auf einen Pfadfinderausflug. Ich war selbst auch noch niemals zuvor fischen und zelten gewesen. Am Tag vierundzwanzig half ich einer örtlichen Kirche mit ihrem Flohmarktstand. Tag fünfundzwanzig und sechsundzwanzig arbeitete ich mit einer Mannschaft des ‚Habit for Humanity' an einem Haus. Am Tag siebenundzwanzig ließ ich eine örtliche Wohltätigkeitsgruppe mein Haus für einen Empfang verwenden. Am Tag achtundzwanzig half ich einem Nachbarn, die Blätter aus seinem Garten zu entfernen. Am Tag neunundzwanzig – das können Sie jetzt glauben oder nicht – half ich, Kekse für den Verkaufsstand einer Grundschulklasse zu backen."

Theodore J. Hamilton stand vor dem Zeugenstand und applaudierte. Er sagte: „Sehr bewegend, mein Sohn. Aber was geschah an Tag dreißig?"

Jason kicherte und antwortete: „Nun, Herr Hamilton, falls Sie sich daran erinnern können, verschenkte ich einige der übrig gebliebenen Kekse an Frau Hastings und Sie."

„Ja, das haben Sie", bemerkte Hamilton. „Und ich kann bestätigen, dass sie sehr lecker waren. Keine weiteren Fragen."

Hamilton schritt zu seinem Platz zurück, während Dumbly seinen Angriff vorbereitete.

„Herr Stevens, was würden Sie sagen – Ihre eigene Meinung bitte –, war der zusammengerechnete finanzielle Wert all dieser Geschenke auf Ihrer kleinen Liste?" Dumbly zeigte auf den Zettel in Jasons Hand, als ob es etwas Schmutziges wäre.

Jason schaute verblüfft, zuckte mit den Schultern und sagte: „Ich habe keine Ahnung."

Dumbly preschte vor: „Würden Sie nicht zustimmen, dass die meisten dieser Kleinigkeiten, wenn überhaupt, nur einen sehr geringen Wert haben?"

„Wahrscheinlich", gestand Jason.

„Wie können Sie dann darauf hoffen, einige Milliarden auf der Basis dessen zu verwalten?" Dumbly zeigte abermals auf die Liste in Jasons Hand.

Jason dachte einige Sekunden nach und sagte dann: „Mein Großvater hatte mir aufgetragen, Dinge zu verschenken, die ich selbst habe. Ich hatte keine andere Wahl, als etwas von mir selbst zu geben." Jason legte nochmal eine Pause ein, fand seinen roten Faden wieder und fuhr fort: „Aber ich denke, es ist viel einfacher Geld zu managen, als sich selbst."

Dumbly sah Jason geschockt an. „Sie müssen scherzen." Er sah zur Decke hinauf und öffnete seine Hände, so als ob er den Himmel bitten würde, ihn von diesem Unsinn zu befreien.

Schließlich musste ich eingreifen und das Theater unterbrechen: „Herr Dumbly, haben Sie noch weitere Fragen an den Zeugen?"

Dumbly erklärte in dramatischem Tonfall: „Nein, Euer Ehren. Dieser Fall scheint mehr als eindeutig zu sein."

Dumbly setzte sich.

Ich nickte Jason zu, bedankte mich für seine Aussage und wies ihn an, sich wieder zu setzen. Ich ordnete meine Gedanken und formulierte das Urteil: „Im letzten Willen und Testament von Howard ‚Red' Stevens bat er seinen Enkel darum, jeden Tag des Monats etwas von sich selbst zu geben. Im Namen des Gesetzes hat Herr Jason Stevens diese Aufgabe bestens erfüllt.

In den nächsten 30 Tagen wird er den Beweis erbringen, dass er das *Geschenk des Gebens* auch anderen vermitteln kann."

Mein Hammer beendete die Verhandlung, und ich verließ den Saal durch die Mahagonitür und ging direkt in mein Büro. Ich lehnte mich an meinen Schreibtisch und versuchte mir eigene Dinge zu überlegen, die ich für einen ganzen Monat jeden Tag verschenken könnte.

Ich sah, wie Red Stevens auf dem Bildschirm vor mir auftauchte und das *Geschenk des Gebens* erklärte:

„In diesem Monat möchte ich, dass du etwas über das *Geschenk des Gebens* lernst. Und dies ist ein weiteres dieser paradoxen Prinzipien, von denen wir schon vor ein paar Monaten gesprochen haben. Herkömmliche Weisheit würde sagen, dass du immer mehr hast, je weniger du gibst. Aber genau das Gegenteil entspricht der Wahrheit. Je mehr du gibst, desto mehr hast du. Überfluss schafft die Möglichkeit zu geben; und Geben schafft mehr Überfluss. Und das meine ich nicht nur einfach in finanziellen Belangen. Dieses Prinzip trifft auf jeden Bereich deines Lebens zu.

Es ist wichtig, ein Geber und ein Empfänger zu sein. Jason, finanziell habe ich dir alles gegeben, was du in dieser Welt besitzt. Aber ich habe gegen das Prinzip des *Geschenks des Gebens* verstoßen. Ich gab dir Geld und materielle Dinge aus Pflichtbewusstsein heraus, nicht im wahren Geist des Gebens. Du hast all diese Dinge mit der Einstellung des Anspruchs und des Vorrechts anstatt mit der Einstellung der Dankbarkeit empfangen. Und so haben unsere Einstellungen uns beide der Freude beraubt, die mit dem *Geschenk des Gebens* einhergeht.

Es ist sehr wichtig, dass das Geben im richtigen Geist geschieht, wenn du jemandem etwas gibst – und nicht aus Pflichtbewusstsein heraus. Ich habe gelernt, mein ganzes Leben in andere Menschen zu investieren. Und ich kann mir nicht vorstellen, wie es ist, dem Privileg des Gebens, sowohl was materielle Dinge betrifft als auch eines Teils seiner selbst, beraubt zu sein.

Eines der Grundprinzipien ist, dass das Geschenk wirklich etwas von dir sein muss. Das kann etwas sein, was du dir verdient oder selbst gemacht hast, oder einfach nur ein Teil von dir selbst."

Während des ganzen Monats betrachtete ich das Thema Geben und Nehmen auf eine ganz andere Art und Weise.

Obwohl ich den Anblick schon so oft genossen hatte, erstaunte er mich jedes Mal wieder. Ich nahm meinen Platz im Gerichtssaal ein, klopfte mit meinem Hammer und eröffnete die Verhandlung. Ich lächelte in die Runde und sagte: „Ich möchte jeden zu diesem Prozesstag begrüßen. Das Gesetz ist ein tief verwurzelter Teil unseres Lebens und unserer Kultur. Daher freue ich mich immer darüber, wenn sich Menschen rege an Prozessen beteiligen."

Zum zweiten Mal standen Schulter an Schulter all die alleinerziehenden Mütter in meinem Gerichtssaal, die wir bei der Anhörung zum *Geschenk des Geldes* bereits kennenlernen durften.

Ich deutete auf Hamilton und Jason Stevens. Sie nahmen ihre Plätze ein und eröffneten die Anhörung.

Hamilton fragte: „Jason, hatten Sie im letzten Monat die Gelegenheit, das *Geschenk des Gebens*, so wie es von Ihrem Großvater Howard ‚Red' Stevens angeordnet worden war, mit anderen zu teilen?"

Jason nickte: „Ja."

„Bitte lassen Sie uns an Ihren Erlebnissen teilhaben", sagte Hamilton.

Jason blickte die jungen alleinerziehenden Mütter an, die bereits allein durch ihre Anwesenheit eine erstaunliche Aussagekraft

besaßen. „Ich versuchte, über das *Geschenk des Gebens* nachzudenken, und kam zu dem Schluss, dass Geben beides sein sollte
– kreativ und stetig. Es sollte etwas sein, bei dem wir ständig neue
Arten erfinden können. Aber auf der anderen Seite ist es wichtig,
eine Gewohnheit des regelmäßigen Gebens zu entwickeln."

Jason sah zu mir auf und sagte: „Wie Sie wissen, haben wir mit
Finanzseminaren für die alleinerziehenden Mütter begonnen. Diese
Kurse wurden fortgesetzt, und wir haben gelernt, dass wir immer
drei Dinge mit jeden Dollar, den wir erhalten, tun sollten.

Wir sollten als Erstes einen Teil davon sparen, damit wir in
schwierigen Zeiten oder für besondere Gelegenheiten Geld haben.
Als Zweites sollten wir sorgfältig und weise für die Dinge sorgen, die
wir heute und morgen zum Leben brauchen. Und als Drittes sollten
wir regelmäßig und stetig einen Teil jedes Dollars geben.

Als wir mit den alleinerziehenden Müttern über dieses Thema
sprachen, waren viele von ihnen frustriert, denn da sie jetzt schon
so sehr auf ihr Geld schauen mussten, kam in ihnen das Gefühl
hoch, dass sie mit ihren individuellen Gaben nicht wirklich etwas
erreichen konnten."

Jason lächelte voller Vorfreude in die Runde der Mütter.

Hamilton lächelte ebenfalls und fragte: „Was haben Sie also
unternommen, Jason?"

Jason verkündete: „Alle alleinerziehenden Mütter der Gruppe
legten ihr Geld zusammen. Und gemeinsam verpflichteten sie sich
zu einer monatlichen Abgabe, um den Bau eines Bürgerhauses
mit einer Kindertagesstätte im Howard ‚Red' Stevens Stadtpark
mitzufinanzieren."

Jason griff in die Brusttasche seiner Jacke und holte einen Umschlag heraus. Er fuhr fort: „Hier ist die erste Überweisung der Wohltätigkeitsorganisation der alleinerziehenden Mütter an das Bürgerhaus des Howard ‚Red' Stevens Stadtparks."

Lautstark äußerten die alleinerziehenden Mütter im Gerichtssaal ihre Freude.

Der alte Richter Eldridge sagte mir immer wieder, wie wichtig es ist, dass Ordnung im Gericht herrscht. Aber irgendwie wusste ich, dass er gerade zu uns heruntersah und es befürwortete, dass ich den ansteigenden Applaus nicht unterbrach.

Hamilton winkte den Damen zu, dankte Jason und übergab den Zeugen an Dumbly.

Dumbly fragte sofort: „Herr Stevens, haben Sie eine Vorstellung davon, was es kosten wird, ein Bürgerhaus mit Kindertagesstätte in diesem sogenannten Stadtpark zu errichten?"

Jason grinste schelmisch und stellte klar: „Herr Dumbly, meinen Sie den Howard ‚Red' Stevens Stadtpark, wo wir ein Bürgerhaus mit Kindertagesstätte bauen werden?"

„Ja, wie auch immer", antwortete Dumbly ungeduldig.

Jason fuhr fort: „Ja, ich habe einen Kostenvoranschlag erstellen lassen. Es wird einige hunderttausend Dollar kosten. Wir sind gerade noch dabei, einige Varianten und die Details zu bearbeiten, um auf eine genaue Summe zu kommen."

„Wie lange wird es also dauern, bis sie …", Dumbly zeigte mit seiner Hand auf die Frauen, die im Saal verteilt waren, „… mit den monatlichen Schecks ein solches Haus realisieren könnten?"

„Nicht annähernd so lange, wie wir ohne diese Schecks dazu bräuchten", gab Jason selbstbewusst zur Antwort.

Wieder ertönte Applaus von den Müttern. Ich klopfte halbherzig mit meinen Hammer, aber wollte innerlich selbst applaudieren.

Dumbly versuchte, diese Betrachtungsweise ablehnend zu ignorieren, und sagte: „Keine weiteren Fragen."

Ich versuchte jeder Frau in die Augen zu sehen, als ich meinen Blick langsam durch den Saal streifen ließ.

Dann sprach ich sie direkt an: „Oft bin ich in diesem Gerichtssaal dazu gezwungen, ein Urteil zu sprechen, weil es mein Auftrag und meine Verpflichtung gegenüber dem Gesetz ist. Während dieses Urteil wirklich mein Auftrag und meine Verpflichtung ist, ist es mir eine Ehre, die Spende jeder Einzelnen von Ihnen …", ich sah zu den alleinerziehenden Müttern, lächelte und fuhr fort, „… anzuerkennen und zugunsten Jason Stevens in der heutigen Verhandlung um das *Geschenk des Gebens* das Urteil zu sprechen."

Während ich die Verhandlung schloss, erhob sich ein dritter Applaus.

Dies war ein guter Tag.

KAPITEL XII

Das Leben der Dankbarkeit

Dankbarkeit schafft die Balance zwischen den Dingen,
die wir haben, und denen, die wir haben möchten.

Ein Sender übertrug live die Feier zum Spatenstich für das Bürgerhaus und die Kindertagesstätte im Howard ‚Red' Stevens Stadtpark. Jason hielt eine kurze Ansprache, aber überließ dann den alleinerziehenden Müttern als Spendengebern und den Anwohnern, die den Park gestaltet hatten, das Rampenlicht.

Ich werde nie die Aussage einer der Mütter vergessen. Sie näherte sich schüchtern dem Pult, blinzelte ins Scheinwerferlicht und sagte: „Das Leben war nicht immer gut zu mir. Ich habe drei Kinder im Alter von zwei, fünf und sieben Jahren, und ich habe zwei Arbeitsplätze, um durchzukommen. Dieser Park wurde zu einem Zufluchtsort für mich und meine Kinder, wo wir einfach hinkommen, spielen und Zeit miteinander verbringen können. Das Bürgerhaus mit der neuen Kindertagesstätte wird für meine Familie – und für viele weitere – bedeuten, dass wir Möglichkeiten haben, die es vorher einfach nicht gab. Aber viel wichtiger als die Veränderungen in unserer Nachbarschaft ist die Veränderung, die in uns selbst stattgefunden hat. Ich habe viele bittere Jahre damit verbracht zu warten, bis jemand kommt, der etwas für mich tun

163

würde. Heute stehe ich jeden Morgen auf und mache mir Gedanken darüber, was ich für mich selbst und die Menschen um mich herum tun kann."

Von meinem Bürofenster aus konnte ich den Park sehen und die Menge, die sich um das Ereignis versammelt hatte. Auch einige Übertragungsfahrzeuge standen herum. Dies ließ mich über meine eigenen Möglichkeiten für mein Leben nachdenken. Es ist schwer, die Auswirkungen einzuschätzen, die wir in der Welt bewirken könnten, wenn wir uns einfach ein Ziel setzen, uns entschließen zu beginnen und beständig daran arbeiten würden.

Um mich auf den Tag im Gericht vorzubereiten, suchte ich die DVD *„Das Geschenk der Dankbarkeit"*. Ich schob sie in den DVD-Player und erwartete gespannt die Botschaft Red Stevens' für seinen Enkel.

„Wenn man seinen letzten Willen niederschreibt und einen Film wie diesen vorbereitet, beginnt man ganz automatisch über sein ganzes Leben nachzudenken. Ich habe so viele Orte dieser Welt gesehen und so viele Dinge erlebt, dass es schwerfällt zu denken, dass ich nur *ein* Leben gelebt habe.

Ich erinnere mich daran, dass ich als junger Mann Tagelöhner sein musste, um etwas zum Essen zu haben, und unter der Brücke schlief. Und ebenso erinnere ich mich daran, in der Gesellschaft von Königen und Präsidenten gewesen zu sein und alle materiellen Reichtümer, die das Leben zu bieten hat, kennengelernt zu haben. Wenn ich so zurückblicke, bin ich für alles sehr dankbar.

Und genau in den Zeiten, von denen ich damals dachte, dass sie meine allerschlimmsten Erlebnisse seien, habe ich einige meiner schönsten Erinnerungen gesammelt.

Jason, in diesem Monat wirst du eine Lektion lernen, die etwas beinhaltet, was bis heute in deinem Leben vollkommen gefehlt hat. Und das ist: Dankbarkeit.

Ich fand es schon immer paradox, dass die Menschen, die alles auf dieser Welt hatten, um dankbar zu sein, die undankbarsten Menschen sind. Und auf der anderen Seite die Menschen, die im wahrsten Sinne des Wortes nichts besitzen, oft ein Leben voller Dankbarkeit führen.

Als ich noch ein Jugendlicher war, kurz nachdem ich von zu Hause fortzog, um die Welt zu erobern, traf ich einen älteren Mann, den man heute wohl als Obdachlosen bezeichnen würde. Damals gab es eine ganze Menge von Menschen, die durch die Lande zogen und hier und dort ein wenig Arbeit annahmen, um über die Runden zu kommen. Dies war in den Zeiten der großen Wirtschaftskrise, und einige dieser sogenannten Tramper waren sehr gebildete Leute und hatten ein Leben voller wertvoller Erfahrungen.

Josh und ich zogen fast ein ganzes Jahr lang gemeinsam durchs Land. Er schien schon sehr alt zu sein, aber aufgrund meiner Jugend hatte ich vielleicht eine falsche Einschätzung. Er ist einer der wenigen Menschen, die ich je getroffen habe, von denen ich wirklich sagen kann, dass er nie einen schlechten Tag hatte. Und wenn er einen hatte, gab es dafür nie ein sichtbares Zeichen. Wenn man so durchs Land streunt, kommt es oft vor, dass man nass, kalt und hungrig ist.

Aber Josh hatte den Menschen, die wir trafen, nie etwas anderes als etwas Positives zu erzählen.

Letztendlich, als ich mich dazu entschlossen hatte, in Texas sesshaft zu werden und dort mein Glück zu versuchen, trennten sich unsere Wege. Sesshaft zu werden hatte einfach keine Priorität in seinem Leben. Und als wir uns trennten, fragte ich ihn, warum er immer in guter Stimmung war. Er erzählte mir, dass eine der wichtigsten Lektionen, die ihm seine Mutter hinterlassen hatte, das Vermächtnis der Goldenen Liste war.

Er erklärte mir, dass er jeden Morgen, bevor er aufstand, noch eine Weile im Bett – oder wo auch immer er gerade lag – blieb und sich ein goldenes Blatt vorstellte, auf dem zehn Dinge geschrieben waren, für die er in seinem Leben besonders dankbar war. Er erzählte mir weiter, dass seine Mutter dies ihr ganzes Leben lang getan hätte und dass er es selbst keinen einzigen Tag unterlassen hatte, seitdem sie ihm von der Goldenen Liste erzählt hatte.

Und so wahr ich heute hier stehe, ich bin stolz darauf, sagen zu können, dass auch ich keinen einzigen Tag ausgelassen habe, seit Josh mir vor fast 60 Jahren von dieser Gewohnheit erzählt hatte. An einigen Tagen war ich für ganz einfache Dinge dankbar, und an anderen Tagen fühlte ich ein tiefes Gefühl der Dankbarkeit für mein Leben und alles, was mich umgab.

Jason, heute gebe ich das Vermächtnis der Goldenen Liste an dich weiter. Ich weiß, dass diese schon weit über 100 Jahre alt sein muss, da sie durch Josh' Mutter an Josh und durch Josh an mich weitergegeben wurde – und jetzt an dich. Und ich weiß auch nicht, wie Josh' Mutter auf diese Gewohnheit gekommen ist, demnach könnte es also sein, dass der Ursprung dieser Liste noch viel weiter zurückliegt.

Auf jeden Fall gebe ich die Goldene Liste heute an dich weiter, und wenn du am Anfang gewissenhaft damit umgehst, wird sie in Kürze zu einem natürlichen Teil deines Lebens werden – wie das Atmen."

———— •◦• ————

Wieder einmal begann ein Prozesstag zum letzten Willen und Testament von Howard ‚Red' Stevens. Nachdem die üblichen Formalitäten erledigt waren und Jason Stevens wieder auf der Zeugenbank saß, begann der legendäre Theodore J. Hamilton seine Arbeit.

„Jason, ist es wahr, dass Sie – als Teil des *ultimativen Geschenks* aus dem Erbe Ihres Großvaters – etwas über das *Geschenk der Dankbarkeit* lernten?"

Jason nickte: „Ja, das ist wahr."

Hamilton fuhr fort: „Ist es auch wahr, dass Red Stevens während dieses Prozesses Ihnen auch etwas weitergab, was man die Goldene Liste nennt?"

Wieder nickte Jason zustimmend und sagte: „Ja."

Hamilton lächelte voller Verständnis und fragte: „Können Sie dem Gericht bitte erklären, was es mit der Goldenen Liste auf sich hat?"

Jason nickte nochmals, räusperte sich und erklärte: „Mein Großvater erzählte mir von einer Angewohnheit, die er viele Jahre zuvor erlernt und die sein Leben um ein Vielfaches verbessert hatte. Jeden Tag denkt man ganz einfach an zehn Dinge, für die man dankbar ist."

Hamilton fragte nach: „Haben Sie diese Aufgabe 30 Tage lang erfüllt, so wie es im *Geschenk der Dankbarkeit* angeordnet wurde?"

„Ja", stellte Jason klar.

Hamilton holte sich ein Blatt Papier von seinem Tisch und ging wieder zu Jason: „Ich habe hier ein Liste der Dinge, für die Sie während des Monats mit dem *Geschenk der Dankbarkeit* dankbar waren."

Hamilton hielt die Liste zu Jason hoch und sagte: „Können Sie bitte dem Gericht bestätigen, dass dies eine Kopie Ihrer handgeschriebenen Liste ist?"

Jason sah sich die Liste sorgfältig an, sah zu mir hoch und erklärte: „Ja, das ist meine Liste."

Dumbly unterbrach: „Ich werde mir das ansehen, wenn Sie keinen Einwand haben."

„Bitte treten Sie näher", sagte Hamilton mit verschmitzter Freundlichkeit.

L. Myron Dumbly starrte verachtend auf die Liste, murmelte „okay" und stampfte zurück auf seinen Platz.

Hamilton setzte sich seine altmodische Lesebrille auf die Nase und hielt die Liste mit ausgestrecktem Arm: „Ich lese hier, dass Sie an diesem Tag dankbar waren für Ihre Freunde, Ihre Familie und das *ultimative Geschenk* – und einige weitere Dinge."

Hamilton sah Jason über den Rand seiner Brille an und fragte: „Klingt das richtig?"

„Jawohl", bestätigte Jason.

Hamilton faltete seine Brille zusammen und legte sie zurück in das Lederetui. Er sah zu mir auf und sagte: „Das wäre alles, Euer Ehren."

Ich winkte L. Myron Dumbly. Daraufhin näherte er sich wie von der Tarantel gestochen der Zeugenbank.

„Herr Stevens, ist es wahr, dass Sie die meiste Zeit Ihres Lebens Ihren Reichtum, Ihren Status, Ihr Ansehen und Ihre Möglichkeiten, die Ihnen von Ihrem Großvater geboten wurden, als selbstverständlich betrachteten?"

„Das ist wahr", gab Jason zu.

„Und ist es des Weiteren wahr", fuhr Dumbly fort, „dass Sie Ihrem Großvater zu seinen Lebzeiten niemals dankten, sondern sich vielmehr seiner so sehr schämten, dass Sie Ihn nicht einmal als Ihren Großvater bezeichneten, sondern als weit entfernten Großonkel abtaten?"

Jason seufzte und nickte langsam: „Ja, das ist wahr."

Dumbly schüttelte den Kopf als ob er von der Antwort eines widerspenstigen Kindes enttäuscht war, und forschte weiter: „Wie können Sie dann vom Gericht erwarten zu glauben, dass Sie die Dankbarkeit verstanden haben? Einfach nur aufgrund einer kleinen Liste an Dingen, für die jeder von uns an jedem einzelnen Tag dankbar sein sollte?"

„Es war nicht nur ein Tag", verteidigte sich Jason. „Ich habe eine Goldene Liste für jeden Tag!"

Dumbly täuschte vor, geschockt zu sein, und sagte mit lächerlich erhobener Stimme: „Entschuldigen Sie. Ich nehme an, Sie fühlen sich qualifiziert, einige Milliarden zu managen, weil Sie jeden Tag eines Monats eine Liste geschrieben haben."

Jason schüttelte den Kopf und berichtete: „Nein, ich habe jeden Tag eine Liste gemacht – seit mein Großvater diese Idee mit mir teilte."

Dumbly lachte scherzhaft und fragte ungläubig: „Sie sitzen hier und möchten uns glaubhaft versichern, dass Sie jeden Tag seit dem Tod Ihres Großvaters – was ja bereits über ein Jahr her ist – sich die Zeit genommen haben, um gedanklich eine Liste mit zehn Dingen zu formulieren, für die Sie dankbar sind?"

Jason holte etwas aus seiner Jackentasche. „Ich habe nicht einfach nur darüber nachgedacht, sondern habe die Dinge auch aufgeschrieben."

Ein gebraucht aussehendes Tagebuch kam zum Vorschein. Er hielt es liebevoll in den Händen.

Dumbly überspielte schnell den Schock und sagte: „Lassen Sie mich das sehen."

Jason hielt es ihm entgegen. Dumbly schaute sich schnell ein paar Seiten an und seufzte in großer Ungeduld und Enttäuschung.

„Herr Stevens, Sie möchten dem Gericht damit, unter Eid und Androhung einer Strafe für Eidbruch, beweisen, dass Sie in diesem Buch jeden Tag, seit Sie von Ihrem Großvater das *Geschenk der Dankbarkeit* bekommen haben, die zehn Dinge aufgeschrieben haben, für die Sie dankbar sind?"

Jason schüttelte den Kopf: „Nein."

„Das dachte ich mir", erklärte Dumbly und rieb seine Hände aneinander.

Aber noch bevor Dumbly fortfahren konnte, sagte Jason: „Das ist mein drittes Tagebuch. Die ersten beiden sind schon voll."

Dumbly schüttelte ungläubig den Kopf und sagte hochmütig: „Also, warum lesen Sie uns dann nicht Ihren Eintrag für heute vor?"

Jason blätterte ehrfürchtig in seinem Tagebuch und las vor: „Heute bin ich dankbar für den Spatenstich zum Baubeginn des Bürgerhauses im Park. Ich bin dankbar für die Alleinerziehenden, die das möglich gemacht haben. Ich bin dankbar für all die Anwohner, die geholfen haben, den Park zu gestalten. Ich bin dankbar für Jeffrey Watkins, der bereit dazu war, mich zu vertreten, als ich niemand anderen fand. Ich bin dankbar für meinen Freund David Reese der mir dabei hilft, während des Prozesses immer wieder zu lachen.

Ich bin dankbar, dass Frau Hastings immer für mich da ist. Ich bin dankbar für die ganze Klasse in der Blindenschule und die Menschen im Seniorenheim, weil sie mir so viel beibringen. Ich bin dankbar dafür, dass Herr Hamilton mein Anwalt und auch mein Freund ist. Ich bin dankbar für Alexia, die mich immer liebt, auch wenn ich mich nicht immer liebenswert verhalte." Jason schloss das Büchlein, steckte es zurück in die Tasche und schloss: „Und ich bin dankbar für Emily, weil sie mich durch ihr Sterben lehrte, wie ich leben sollte."

Dumbly ging schwerfällig auf seinen Platz zu und murmelte: „Das ist alles."

Es wurde sehr still im Gerichtssaal. Schließlich unterbrach ich sie und sprach das Urteil: „Das Gericht ist der Ansicht, dass Jason Stevens angemessen gezeigt hat, wie er das *Geschenk der Dankbarkeit*, so wie es von Red Stevens definiert wurde, in seinem Leben umsetzt. Wir werden die Anhörung in einem Monat fortsetzen, um seine Fähigkeit, das *Geschenk der Dankbarkeit* an andere weiterzugeben, zu beurteilen."

Noch bevor ich irgendetwas anderes an diesem Tag tat, setzte ich mich an meinen überproportionierten Schreibtisch im Büro und schrieb meine Goldene Liste nieder. Dann rief ich Marie an, um ihr zu sagen, wie sehr ich sie liebe und dass sie auf meiner Liste die Nr. 1 ist. Ich wusste, dass ich diese Angewohnheit für den Rest meiner Tage beibehalten wollte.

———— ·•·• ————

Ein weiterer Monat war vergangen. Zurück im Gerichtssaal, saß Jason wieder auf der Zeugenbank und wurde von Herrn Hamilton befragt.

„Jason, wie haben Sie das *Geschenk der Dankbarkeit* in diesem Monat weitergegeben?"

Jason begann zu erzählen: „In diesem Monat fand ein Klassentreffen meiner Universität statt. Ich habe ja nie wirklich einen Abschluss dort gemacht, deshalb komme ich einfach ab und an zu irgendeinem Klassentreffen, um ein paar Freunde, die ich damals traf, wiederzusehen.

Die Universität veranstaltet jedes Jahr nach dem Football-Spiel für die ehemaligen Studenten, die anwesend sind, ein Bankett. Und da dieser Gerichtsprozess so viel mediale Aufmerksamkeit bekommen hatte, bat mich der Universitätsvorsitzende, nach dem Essen ein paar Worte an die Gäste zu richten. Ich stand also am Rednerpult und erzählte ihnen allen von dem *Geschenk der Dankbarkeit* und der Goldenen Liste.

Viele dieser Leute sind, wie ich früher war. Sie haben alles, was sie sich wünschten, bekommen, aber nichts von dem, was sie wirklich brauchten. Ich erzählte ihnen, dass es nun der nächste Schritt auf dem Weg in die Zukunft und zu ihren weiteren Lebenswünschen ist, zurückzuschauen und Dankbarkeit für das zu zeigen, was sie bereits haben.

Ich habe ihnen mein Tagebuch gezeigt." Jason klopfte auf seine Tasche, worin das Büchlein steckte, und fuhr fort: „Viele von ihnen begannen sofort eine Liste auf die Serviette oder die Rückseite des Programmheftes zu schreiben. Das *Geschenk der Dankbarkeit* bekam tosenden Applaus."

Hamilton lächelte und nickte zuversichtlich: „Was geschah danach, Jason?"

„Ein paar Tage später bekam ich einen Anruf vom Organisator der Klassentreffen für ehemalige Studierende. Jedes Jahr sammeln sie Spenden für Stipendien. Dieses Jahr haben sie das Red-Stevens-Gedenk-Stipendium eingerichtete – das von nun an jedes Jahr an einen fleißigen Schüler der Samstagsschule im Stadtpark vergeben wird."

„Ich danke Ihnen für alles, Jason", sagte Hamilton herzlich.

Ich sah zu L. Myron Dumbly und seinem Team der Kanzlei Dumbly, Cheetham und Leech. Hinter ihnen saßen die verschiedensten Familienmitglieder der Familie Stevens.

Die gesamte Gruppe blickte ängstlich. Es schien, als ob sie nun die tickende Uhr des Prozesses realisierten – und dass die Zeit langsam ablief.

Dumbly erhob sich unsicher und brachte hervor: „Keine Fragen."

Ich erklärte für das Protokoll: „Da die Seite der Kläger keine Einwände hat, akzeptiert das Gericht Jason Stevens' Ausführungen zum *Geschenk der Dankbarkeit*. Die Verhandlung wird morgen um 10.00 Uhr fortgesetzt."

KAPITEL XIII

Das Leben eines Tages

*Das ultimative Leben ist nichts anderes als
eine Aneinanderreihung von ultimativen Tagen!
Heute ist der Tag!*

Der Marathon dieses Prozesses um Red Stevens' letzten Willen und sein Testament näherte sich nun spürbar dem Ziel. Aber wie jeder Marathonläufer uns sagen kann, stößt man gerade vor der Endphase des 42-Kilometer-Laufs auf ein unsichtbares, aber riesiges Hindernis, auch bekannt als „die Wand". Und die Wand hat vielen Wettkämpfern schon die Hoffnung und die Träume geraubt.

Rex und ich unternahmen einen strammen Spaziergang im Howard ‚Red' Stevens Stadtpark. Rex führte mich gekonnt an der Leine. Seit er spürte, dass ich ihm mit der Leine nicht widerstand, fühlte er sich selbstsicher genug, um jederzeit die Marschrichtung zu bestimmen oder eine Änderung des Weges vorzunehmen.

Im Leben, und ganz sicher beim Spaziergang mit Rex, dem Wunderhund, ist Kontrolle eine Illusion. Rex und ich haben schon viele Stunden so verbracht – er bestimmte den Weg, und ich folgte ihm zufrieden. Er war nicht mehr so jung oder so schnell, wie er einst war, aber das war ich auch nicht. Der Himmel hatte ein wahrhaft lustiges Spiel zwischen Tier und Mensch erschaffen. Rex und ich waren uns nur nicht sicher, wer welche Rolle übernommen hatte.

Die Zeit meines Lebens wurde immer wieder dadurch unterbrochen, zuerst einen Hund zu besitzen und schließlich darin zu wachsen, eine ganze Reihe von treuen Hunden zu lieben. Ich hatte mir einmal unsinnigerweise eine Liste mit Dingen erdacht, die ich verändern würde, wenn ich König der Welt wäre. Ich wusste, dass die Chancen für dieses Ereignis nicht gut stehen.

Unter vielem anderen stand auf der Liste: Wenn ich König wäre, würden wir die Energie der Jugend genießen, wenn wir die Weisheit des Alters besitzen, um sie in die richtigen Bahnen zu lenken. Wenn ich König wäre, würde ich die Winterzeit so verkürzen, dass wir den Frühling, den Sommer und den Herbst ausgiebiger genießen könnten. Und nicht als Letztes stand da: Wenn ich König wäre, würde ein liebgewonnener Hund lang genug leben, um alle Tage bei einem zu sein.

Rex teilte ich alle meine Bedenken und unangemessenen Gefühle bezüglich des Falles um Red Stevens mit. Rex hörte mir aufmerksam zu, wie er es immer tat, und sah mich mit seinen dunklen Kulleraugen an, als ob er sagen wollte: „Vielleicht verstehe ich nicht, was du mir erzählst, aber ich weiß, dass du alles meistern wirst, was man von dir verlangt."

Es war wundervoll jemanden zu haben, der immer an dich glaubte. Mit Marie und Rex dem Wunderhund war ich gleich doppelt gesegnet.

Schließlich war es Zeit für mich ins Gericht zurück zu kehren und für Rex ebenfalls nach Hause zu gehen und seinen lebenswichtigen Aufgaben des Tages, welche auch immer das sein mögen, zu folgen.

Ich hatte gedacht, dass der Gerichtssaal in den letzten zehn Monaten schon bis auf den letzten Platz gefüllt war, aber als wir den elften und vorletzten Monat begannen, mussten Jim und Paul noch zusätzliche Klappstühle aufstellen, die nun jeden Quadratzentimeter ausfüllten.

„Guten Morgen", begrüßte ich die Anwesenden. „In der heutigen Verhandlung werden wir das *Geschenk eines Tages* genauer betrachten. So wie es im *ultimativen Geschenk* ausgeführt wurde, welches das Erbe von Red Stevens an seinen Enkel Jason ist. Bitte beginnen Sie, Herr Hamilton."

Theodore J. Hamilton rief Jason in den Zeugenstand, und ich erinnerte Jason und alle anderen daran, dass er immer noch unter Eid stand.

Hamilton begann: „Herr Stevens, wurde Ihnen eine Lektion erteilt und die Möglichkeit gegeben, die Aufgaben Ihres Großvaters in Bezug auf das *Geschenk eines Tages* zu erfüllen?"

Jason nickte: „Ja."

„Bitte teilen Sie uns Ihre Erfahrungen mit", bat Hamilton.

„Mein Großvater bat mich, darüber nachzudenken, was ich am allerletzten Tag meines Lebens tun würde."

Ermutigend lächelte Hamilton Jason zu, als er fortfuhr.

„Nun, ich entschied mich, dass ich früh aufstehen und über die Goldene Liste mit all den Dingen, für die ich dankbar bin, nachdenken würde. Allerdings würden es an diesem Tag weit mehr als zehn Dinge sein. Das Frühstück würde ich mit ein paar Freunden draußen auf der Terrasse einnehmen. Ich hoffte, wir würden darüber sprechen, wie wir alle das Beste aus einem Tag und unserem Leben machen könnten. Dann würde ich viele Leute anrufen, die mir in meinem Leben viel bedeutet haben, und ihnen danken – wie zum Beispiel Gus Caldwell, die Leute in der Bibliothek in Südamerika und die Kinder des ‚Red Stevens Heim für Jungen‘."

Jason machte eine Pause, holte tief Luft und seufzte schwer. Er sah zu seinen Familienmitgliedern auf der anderen Seite des Gerichtssaals und sagte: „Ich entschied mich auch, all meine Familienmitglieder anzurufen und ihnen für die guten Zeiten zu danken und mich für die schlechten zu entschuldigen. Als Nächstes würde ich einen guten Freund zum Mittagessen einladen und mit ihm über die Träume sprechen, die er für sein Leben hat.

Am Abend würde ich ein besonderes Bankett für alle meine Freunde geben. Ich würde ihnen mitteilen, wie viel mir jeder Einzelne bedeutet, und ihnen das *ultimative Geschenk* weitergeben. Dieses Bankett würden wir aufzeichnen, sodass wir die gemeinsame Zeit und die Botschaft jederzeit mit weiteren Menschen, die über ihr Leben nachdachten, teilen konnten."

Hamilton schwieg einen Moment, dann sagte er: „Jason, ich danke Ihnen, dass Sie uns daran haben teilhaben lassen."

Hamilton setzte sich an seinen Tisch, und ich gab Dumbly die Möglichkeit, Jason zu befragen.

„Herr Stevens, lassen Sie mich die Sache auf den Punkt bringen. Um zu beweisen, dass Sie das *Geschenk eines Tages* verstanden haben, haben Sie eine Liste mit Aktivitäten erdacht, die in Ihren Augen für Ihren letzten Tag wichtig sind."

DAS LEBEN EINES TAGES

Jason nickte: „Ja."

Dumbly fragte weiter: „Wenn diese Dinge so wichtig sind, dass Sie diese an Ihrem letzten Tag tun würden, wie viele dieser Dinge haben Sie bisher getan?"

Jason wurde einen Moment unruhig, räusperte sich nervös und sagte: „Nun, ich habe noch nicht alles getan. Ich habe Freunde angerufen oder ihnen geschrieben, was ich ohne das *Geschenk eines Tages* nicht getan hätte. Ich danke jedem viel bewusster für das, was er oder sie in meinem Leben getan hat. Und ich habe mein Leben der Aufgabe gewidmet, das *ultimative Geschenk* meines Großvaters weiterzugeben."

Dumbly erkannte einen Funken Schwäche und wollte diesen nutzen: „Herr Stevens, wenn es so wichtig ist, jeden Tag – besonders den letzten – so effektiv wie möglich zu nutzen, wie kommt es dann, dass Sie für den gesamten Nachmittag Ihres letzten Lebenstages überhaupt nichts geplant haben? Und das, obwohl Sie nach der Lektion Ihres Großvaters einen gesamten Monat Zeit hatten, um darüber nachzudenken."

Dumbly triumphierte, und Jason sah zu Boden. Er sagte leise: „Ich hatte Pläne für den Nachmittag."

„Oh, Sie hatten? Sie hatten Pläne?", wiederholte Dumbly angriffslustig.

„Wenn diese so wichtig sind, warum teilen Sie uns diese Pläne dann nicht jetzt mit und erzählen uns, wieso Sie diesen Teil vorher nicht präsentiert haben, obwohl Sie hier unter Eid aussagen müssen?"

Jason blickte unruhig in Richtung der Verteidigerseite, atmete tief durch und sagte: „Vor mehr als einem Jahr, als mir mein Großvater durch die Filmbotschaft das *Geschenk eines Tages* gab, organisierte ich jede Minute dieses Tages sorgfältig durch. Ich hatte auch Pläne, den Nachmittag im Park, im Museum und draußen mit einem Segelboot zu verbringen."

Dumbly rieb voller Freude die Hände aneinander und fragte: „Herr Stevens, wenn das alles von so großer Bedeutung ist, warum haben Sie dies in Ihrer Aussage unter Eid verschwiegen?"

„Ich hatte geplant, all diese Dinge mit Emily zu tun", sagte Jason, während eine Träne seine Wange hinterkullerte.

Auch anderen stiegen die Tränen in die Augen, als Jason fortfuhr: „Aber folgende Tatsache habe ich wirklich erst verstanden, als ich meinen eigenen letzten Tag geplant habe: Es ist *alles* wichtig, weil für manche von uns – wie Emily – es wirklich der letzte Tag ist."

Dumbly sah aus wie ein riesiger Ballon, dem gerade die Luft ausgegangen war. Er schüttelte seinen Kopf und löste sich in Luft auf.

Ich klopfte mit dem Hammer und sprach: „Das Gericht urteilt zugunsten Jason Stevens. Wir werden uns in 30 Tagen wieder hier versammeln, um das *Geschenk eines Tages* abschließend zu verhandeln."

Ich beobachtete auf meinem Bildschirm, wie Red Stevens seinem Enkel eine wichtige Weisheit weitergab.

„Jason, du sollst wissen, dass ich sehr viel an dich gedacht habe, als ich mich mit dem *ultimativen Geschenk* – das ich dir durch mein Testament überlassen möchte – beschäftigt habe.

Ich denke, du hast jeden Morgen einen permanenten Platz in meiner Goldenen Liste verdient. Ich bin dankbar dafür, dass du und ich ein gemeinsames Familienerbe haben, und ich habe in dir einen Funken wahrgenommen, den ich auch immer in mir selbst gefühlt habe. Wir sind irgendwie geistesverwandt, weit über unsere Familienbande hinaus.

Beim Verfassen des Testaments habe ich mir Gedanken über mein Leben und meinen Tod gemacht. Ich habe alle Bestandteile in meinem Leben betrachtet, die mein Leben besonders gemacht haben. Viele Erinnerungen habe ich mir ins Gedächtnis gerufen, und ich trage sie bei mir wie einen Schatz.

Wenn du deiner eigenen Sterblichkeit gegenüberstehst, denkst du darüber nach, wie viel Zeit deines Lebens du gelebt und wie viel du verloren hast. Es ist wie der Sand in einer Sanduhr. Ich weiß, dass ich irgendwann den letzten Tag meines Lebens leben werde. Dann habe ich darüber nachgedacht, wie ich diesen Tag gern verbringen würde oder was ich tun würde, wenn mir nur noch dieser eine Tag zu leben bliebe. An diesem Punkt wurde mir bewusst: Wenn ich in meinen Gedanken dieses Bild eines voll ausgeschöpften Tages behalte, habe ich das Wesentliche des Lebens verstanden, weil das Leben nicht mehr ist als eine Aneinanderreihung von Tagen. Wenn wir es lernen können, einen Tag voll auszukosten, wird unser Leben reich und von großer Bedeutung sein."

Ich dachte über das *Geschenk eines Tages* nach und darüber, was ich selbst mit meinem letzten Tag tun würde. Ich bat meinen Gerichtsdiener, alle Anhörungen des nächsten Tages zu verschieben, und rief Marie an, um ihr mitzuteilen, dass der morgige Tag für das *Geschenk eines Tages* reserviert war.

Während des Abendessens sprachen wir über all die besonderen Dinge, die wir am nächsten Tag tun wollten.

Wir standen früh auf, hatten ein besonderes Frühstück, gingen spazieren, redeten und genossen eine Vorführung in der Firma eines sehr guten Freundes. Am Abend betrachteten wir gemeinsam den Sonnenuntergang, weil dies Maries liebste Tageszeit war.

Als sich der besondere Tag seinem Ende entgegenneigte, waren wir beide von der Tatsache erstaunt, dass – obwohl der Tag wirklich ein Geschenk war – es die ganz einfachen Dinge waren, die wir jeden Tag tun könnten. Ich wusste, dass der Rest unseres Lebens anders sein würde, weil unsere Tage anders sein würden.

Die dreißig Tage kamen und gingen, und schon war Jason Stevens wieder zurück auf der Zeugenbank meines Gerichtssaals. Hamilton befragte ihn, wie er das *Geschenk eines Tages* an andere weitergegeben hatte.

Jason sagte: „Ich überlegte mir, welche Menschen wohl am meisten von dem *Geschenk eines Tages* profitieren würden, und erkannte, dass es wohl die Menschen sind, denen nur noch wenige Tage blieben.

Es gibt eine Einrichtung, die ‚Crossroads Center' genannt und von einer wundervollen Familie geführt wird. Sie helfen stationären Patienten dabei, einen besonderen Tag zu erleben. Ich entschied mich, ihnen bei ihrer Arbeit zu helfen, damit mehr Menschen das *Geschenk eines Tages* erleben konnten."

Jason sortierte seine Gedanken und fuhr dann fort: „Da war ein 100-jähriger Mann, der unbedingt mit einem Motorrad fahren wollte. Für ihn organisierten wir einen Beiwagen samt Helm und Brille und fuhren mit ihm durch die Gegend. Er fand es unglaublich, und das Bild, wie er im Beiwagen fuhr, war am nächsten Tag sogar in der Tageszeitung zu sehen. Ich denke, viele weitere Menschen werden damit beginnen, jeden Tag als Geschenk zu betrachten.

Dann gab es eine Patientin, die Krebs im Endstadium hatte und noch nie am Meer gewesen war. Ich half dabei, alle Vorbereitungen zu treffen, dass sie an die Küste reisen konnte. Sie ging am Strand auf und ab und sah einfach auf das weite Meer hinaus.

Eine Person hatte nur mehr ein paar Tage zu leben und wollte unbedingt noch einen bekannten Sänger treffen. Ich nahm mit der Veranstaltungsorganisation Kontakt auf, und sie machten es möglich, dass der Patient bei einem Konzert direkt in der ersten Reihe sitzen konnte und im Anschluss mit dem Star zu Abend aß.

Und schließlich fragte ich die Gründer des ‚Crossroads Center', ob sie mit mir daran arbeiten würden, das *Geschenk eines Tages* auch an Menschen weiterzugeben, die nicht ernsthaft erkrankt waren. Nun gibt es einmal wöchentlich ein Seminar zum Thema „*Das Geschenk eines Tages*". Nächste Woche werden sie auch in der Samstagsschule unterrichten. Ich denke, dies ist für jeden absolut wichtig."

„Das glaube ich auch", schloss sich Hamilton an und wies Dumbly an, seine Fragen zu stellen.

„Herr Stevens, wenn ich Ihre Geschichte richtig verstehe, dann haben Sie diesen Menschen nicht direkt geholfen, sondern mit einer bestehenden Organisation zusammengearbeitet."

„Genau", antwortete Jason.

„Was haben Sie selbst getan, um anderen zu helfen, das *Geschenk eines Tages*, das Ihnen Ihr Großvater hinterlassen hat, zu verstehen?"

Jason war aufgeregt: „Ich habe nichts alleine getan. Genauso, wie ich auch den Park nicht alleine gestaltet habe. Ich glaube, dass selbst mein Großvater sagen würde, dass das *Geschenk eines Tages* zu gewaltig ist, um es alleine an andere weiterzugeben, deshalb holte ich Hilfe dazu."

Dumbly fragte zweifelnd: „Also glauben Sie, dass Sie das *Geschenk eines Tages* weitergegeben haben, und sind überzeugt davon, dass Sie es selbst verstanden haben?"

Jason lächelte. „Alles, was ich sage, ist, dass ich genug für heute verstanden habe, und ich werde weiter lernen, weil ich morgen – wenn ich Glück habe – einen weiteren Tag zur Verfügung habe."

Dumbly wusste, dass er diesen Prozesstag verloren hatte, und zog sich zurück – in der Hoffnung auf bessere Ergebnisse im weiteren Verlauf.

„Bitte notieren Sie, dass Jason Stevens das *Geschenk eines Tages* versteht und die Fähigkeit hat, dieses weiterzugeben. Das Gericht ist auf morgen, 10.00 Uhr, vertagt. Dann werden wir mit der Anhörung zum letzten Teil beginnen – das *Geschenk der Liebe*".

Kapitel XIV

Das Leben der Liebe

Das ultimative Leben liegt in jedem von uns verborgen.
Die Liebe ist der Schlüssel.

Rund um die Uhr wurde in den Nachrichten über die letzte Phase des Falls berichtet. Als ich durch die Sendungen schaltete, bemerkte ich auch eine Diskussionsrunde mit Juraprofessoren. Dies erregte natürlich meine Aufmerksamkeit. Das Einzige, worin sich alle Studierten einig waren, war die Tatsache, dass dieser Fall einem Zwölf-Runden-Boxkampf ähnelte. Man kann elf Runden nacheinander verlieren und in der zwölften Runde doch durch einen K.-o.-Schlag den Sieg erringen.

Ich musste zwangsläufig an die Bedeutsamkeit denken, die in der Luft hing und von meiner Entscheidung abhängig war. Entweder würde die gesamte Familie Stevens ihre Millionen und ihr Erbe verlieren, oder Jason würde die Kontrolle über die Milliarden verlieren, die Red Stevens für wohltätige Zwecke in einem Fonds gebündelt hatte. Es schien keinen Mittelweg zu geben.

Ich hatte viel Zeit damit verbracht, einen Kompromiss zu finden, aber wenn man die Sache auf das Wesentliche reduzierte, dann gab es keinen anderen Weg als den, dass es einen Gewinner und einen Verlierer geben würde. Ich konnte nicht glauben, dass dies das war, was Red Stevens gewollt hatte.

Ich sah auf die Uhr in meinem Büro. Die Zeit schien stillzustehen, aber schließlich war es 10.00 Uhr. Ich legte meine Robe an, hielt noch einen kurzen Moment inne, um mich zu sammeln, und schritt dann durch die Mahagonitür.

Als ich die drei Stufen hinaufstieg, konnte ich die Anspannung im Raum fühlen. Ich war noch nie in einer Situation gewesen, in der finanziell so viel auf dem Spiel stand. Und ich war auch nicht sicher, ob jemals ein anderer Richter in einer solchen Situation gewesen war.

Ich nahm meinen Platz ein und fragte mich, wie das Ergebnis wohl aussehen würde, wenn ich wieder aufstehen würde. Ich klopfte mit dem Hammer und erklärte: „Meine Damen und Herren, die Verhandlung ist eröffnet. Es war für uns alle ein langer Weg bis zur letzten Verhandlungssache im Fall um Red Stevens' letzten Willen und sein Testament.

Ich möchte mich bei den involvierten Anwälten bedanken, die professionell und beharrlich ihre unterschiedlichen Klienten vertreten haben. Ich möchte mich auch bei meinen Angestellten bedanken, Jim und Paul. Ihr habt dem Gericht als Gerichtshelfer gedient. Und bei Scott. Wahrscheinlich sind Sie der beste Gerichtsschreiber, den es gibt. Und letztendlich möchte ich mich bei meinem Freund und Mentor Richter Eldridge bedanken, der diesem Gericht viele Jahre vorstand. Er ist für mich ein unschätzbares Vorbild und hat mir große Fußstapfen hinterlassen. Ich gebe jeden Tag mein Bestes, um seinen Standard zu erhalten, und das werde ich auch heute tun.

Alle von uns wissen, was heute auf dem Spiel steht. Und in der Tat weiß die ganze Welt – dank unserer Medienfreunde hier im Gerichtssaal und überall –, was auf dem Spiel steht. Ich möchte trotzdem alle darauf hinweisen, dass dies hier eine offizielle und gerichtliche Verhandlung ist. Jede Person ist verantwortlich dafür, das Maß an Respekt und Ordnung zu wahren, das diesem Fall zusteht.

Als Erstes bitte ich Herrn Theodore J. Hamilton von der Kanzlei Hamilton, Hamilton und Hamilton um seine Darlegung."

Ich sah Hamilton in die Augen und sagte: „Es ist wirklich eine Ehre, Sie in unserem Gerichtssaal und in unserer Branche zu haben."

Hamilton nickte und sagte anerkennend: „Euer Ehren, ich möchte mich bei Ihnen und allen an diesem Prozess Beteiligten bedanken, dass Sie meinem Klienten nicht mehr und nicht weniger als die Möglichkeit gegeben haben, seinen Fall vor Gericht zu vertreten und ein faires Urteil zu erhalten."

Hamilton machte eine Pause, ging ein paar Papiere auf dem Tisch durch und begann: „Euer Ehren, wir rufen Jason Stevens erneut in den Zeugenstand, um seine Aussage zu machen."

Hamilton schritt auf Jason zu, der inzwischen auf der Zeugenbank saß, und fragte: „Herr Stevens, hatten Sie im letzten Monat der Ein-Jahres-Aufgabe, die Ihnen Ihr Großvater in seinem letzten Willen gestellt hatte, die Möglichkeit, etwas über das *Geschenk der Liebe* zu lernen?"

Jason nickte: „Ja, die hatte ich."

„Und haben Sie dann die Möglichkeit gehabt, eine Aufgabe auszuführen, die Ihnen dabei half, das *Geschenk der Liebe* selbst zu erfahren?"

Wieder bestätigte Jason: „Ja."

Hamilton ging zurück zum Tisch und stand neben seinem Stuhl. Er sagte: „Jason, können Sie dem Gericht bitte über diese Erfahrung berichten?"

Hamilton setzte sich, und Jason begann.

„Mein Großvater zeigte mir, dass man nicht Liebe in nur einem Teil seines Lebens haben kann, ohne auch in allen anderen Bereichen Liebe zu haben. Also bekam ich im *Geschenk der Liebe* die Aufgabe, mir Gedanken über jedes einzelne Geschenk zu machen und darüber, welche entscheidende Rolle die Liebe darin spielte."

Hamilton forschte weiter: „Und, Jason, ist es Ihnen gelungen, diese Aufgabe erfolgreich zu bestehen?"

„Ja, das ist mir gelungen", erwiderte Jason.

Hamilton weiter: „Jason, können Sie uns bitte einen kleinen Einblick geben, wie das *Geschenk der Liebe* jedes andere Geschenk, das Sie von Ihrem Großvater erhalten haben, beeinflusst?"

Jason dachte einen Moment nach und sagte: „Nun, im *Geschenk der Arbeit* lernte ich, dass Gus Caldwell und mein Großvater tiefen Respekt und wahre Liebe füreinander empfanden, und ich lernte, wie wichtig es ist, seine Arbeit zu lieben. Beim *Geschenk des Geldes* lernte ich, dass die Liebe zum Geld eine Sackgasse ist; aber wenn man Menschen liebt und das Geld benutzt, dann kann man wahrlich einen Unterschied bewirken. Durch das *Geschenk der Freunde* lernte ich, dass man ein Freund sein muss, um Freunde zu haben. Man muss bereit sein, Liebe zu geben, bevor man sie empfangen kann. Beim *Geschenk des Lernens* fand ich heraus, dass die Liebe zum Lernen ein lebenslanges Streben ist. Sie endet einfach nie. Beim *Geschenk der Probleme* lernte ich, dass man – obwohl die Umstände vielleicht schwierig oder gar unmöglich erscheinen – jedes Problem, durch die Liebe betrachtet, gleichzeitig eine Chance ist, vorausgesetzt, man liebt sich selbst, die Menschen um einen herum und konzentriert sich auf die Dinge, die einem gegeben wurden. Durch das *Geschenk der Familie* entdeckte ich den Unterschied zwischen Mögen und Lieben. Wir mögen unsere Familien vielleicht nicht immer, aber wir können sie durch jedes Problem und über jeden Umstand hinweg lieben.

Das *Geschenk des Lachens* lehrte mich, dass Hass verschwindet, sobald man lacht, und dass sich nur so die Liebe in jeder Situation ausbreiten kann. Durch das *Geschenk der Träume* durfte ich entdecken, dass jeder von uns Leidenschaft und Berufung in sich trägt. Liebe kann das Potenzial zur Entfaltung bringen, das wir in uns haben. Beim *Geschenk des Gebens* fand ich heraus, dass wir immer jeden genug lieben sollten, um ein Geber zu werden. Und mit der Liebe ist es so: Je mehr man gibt, desto mehr bekommt man zurück. Sie ist eine unversiegbare Quelle. Durch das *Geschenk der Dankbarkeit* lernte ich, dass wir mit vielem im Leben gesegnet sind und der einzige Weg, wahre Liebe zu zeigen, der ist, dankbar für das zu sein, was einem gegeben wurde. Beim *Geschenk des Tages* lernte ich, dass es unmöglich ist, das Leben zu lieben, wenn man das Heute nicht liebt. Wenn wir jeden Tag mit Liebe füllen, werden wir immer von allem genug haben.“

Ich konnte es kaum glauben, dass ausgedehnte, absolute Stille im Saal herrschte, obwohl so viele Menschen anwesend waren.

Schließlich erhob sich Theodore J. Hamilton und erklärte: „Euer Ehren, ich möchte die Bedeutsamkeit dieser Worte für sich sprechen lassen und verzichte auf weitere Fragen. Wir haben unsere Aussage in dieser Hinsicht gemacht."

Ich nickte Hamilton zu und wandte mich an L. Myron Dumbly. „Herr Dumbly, Sie haben nun die Möglichkeit, Ihre Fragen an den Zeugen zu richten."

Dumbly saß ungemütlich lange regungslos auf seinem Platz. Ich fragte mich schon, ob er mich gehört hatte, aber schließlich stand er auf und machte sich zielstrebig auf den Weg zur Zeugenbank. Wenn ich zurückblicke, muss ich zugeben, dass Dumbly wirklich respektable Arbeit geleistet hat trotz seiner niedrigen Gewinnchancen.

Er räusperte sich, nickte mir zu und wagte es. „Herr Stevens, weil hier vor Gericht um den letzten Willen und das Testament Ihres Großvaters verhandelt wird, betrachten wir doch einmal Ihre Beziehung mit ihm unter dem Gesichtspunkt des *Geschenks der Liebe*."

Dumbly schlenderte auf und ab und kam langsam in Fahrt: „Herr Stevens, würden Sie behaupten, dass Sie Ihren Großvater in den Jahren, als er noch lebte, liebten?"

Jason seufzte tief, lehnte sich vor und erklärte: „Ich habe nicht gewusst, wie man jemanden liebt, mich eingeschlossen, bis ich das *Geschenk der Liebe* von meinem Großvater bekommen habe. Deshalb muss ich ehrlicherweise sagen, dass ich meinen Großvater zu dessen Lebzeit nicht liebte."

Dumbly witterte eine weitere Chance. Und sogleich schien sich dies irgendwie auf die Familie Stevens zu übertragen, denn auch sie erschien sofort wieder hoffnungsvoll.

Dumbly schlug auf die Reling vor Jason und wetterte: „Junger Mann, wenn das wirklich wahr ist, was Sie unter Eid gerade ausgesagt haben, wie können Sie dann bei allem, was uns lieb und teuer ist, behaupten, dass Sie Ihren Großvater geliebt haben, so wie es im *Geschenk der Liebe* beschrieben ist, und dass Sie rechtmäßiger Erbe sind?"

Dumbly blickte Jason düster an und erwartete den Sieg.

Schließlich sprach Jason: „Herr Dumbly, ich gebe zu, dass ich meinen Großvater zu Lebzeiten nicht liebte, noch habe ich irgendwie die Liebe verdient, die er für mich hatte. Aber irgendwie habe ich durch seinen Tod und das *ultimative Geschenk* gelernt, ihn und alle um mich herum zu lieben. Niemand von uns kann Liebe jemals verdienen. Wir können sie nur hoch schätzen und weitergeben."

Dumbly war erschüttert, aber hatte dennoch weiterhin Hoffnung auf den Sieg. Er wandte sich an mich:

„Euer Ehren, wir haben keine weiteren Fragen an diese Person. Wie Herr Stevens bereits in seiner Aussage unter Eid zugab, hat er seinen Großvater zu dessen Lebzeit nie geliebt. Wir können nichts weiter tun, als das Gericht zu bitten, ein Urteil zugunsten meiner Klienten zu fällen und ihr rechtmäßiges Erbe wiederherzustellen."

Dumbly ließ sich auf seinen Platz sinken. Einige Mitarbeiter der Kanzlei Dumbly, Cheetham und Leech klopften ihm anerkennend auf die Schulter und gaben ihm das Siegeszeichen. Die Familie Stevens lehnte sich erwartungsvoll auf ihren Sitzen vor.

Ich war hin- und hergerissen, als ich die Argumente abwog. Es ist unmöglich, Liebe zu definieren, trotzdem wurde ein Urteil verlangt.

Ich machte von meinem Hammer Gebrauch und verkündete: „Das Gericht zieht sich zur Mittagspause zurück. Die Verhandlung wird um 14.00 Uhr fortgesetzt."

Ich flüchtete durch die Mahagonitür in mein Büro, griff nach der DVD mit dem Schriftzug *„Das Geschenk der Liebe"*, und als ich sie wenig später in die Luft hielt, sprach ich laut: „Red, wenn Sie irgendetwas Bedeutsames zu diesem Thema zu sagen haben – hier ist ein alter Richter, der es sehr gerne hören würde."

Ich schob die DVD in den DVD-Player und begrüßte Red Stevens zum letzten Mal in meinem Büro.

„Jason, in diesem letzten Monat möchte ich dir einen Teil des *ultimativen Geschenks* vorstellen, der sowohl all die anderen Geschenke als auch alles Gute, was du jemals tun, haben oder in deinem Leben wissen wirst, herbeiführt. Das ist das *Geschenk der Liebe*.

Alles Gute, Ehrwürdige und Begehrenswerte im Leben basiert auf Liebe. Alles Schlechte oder Böse ist einfach ein Leben ohne Liebe. Liebe ist ein missbrauchter und viel zu häufig verwendeter Begriff in unserer Gesellschaft. Er wird für eine ganze Reihe von unseriösen Dingen und Bestrebungen gebraucht. Aber die Liebe, von der ich im *Geschenk der Liebe* spreche, ist die Güte, die nur von Gott kommen kann. Nicht jeder glaubt oder erkennt dies an. Und das ist okay. Ich weiß trotzdem, dass die wahre Liebe nur von *ihm* kommt – ob wir es wissen oder nicht.

Jason, wir sind durch das *ultimative Geschenk* einen langen Weg miteinander gegangen. Ich möchte, dass du vor allem anderen weißt, dass ich dich – trotz aller Fehler die ich gemacht habe, und der vielen Male, die ich dich im Stich gelassen habe – sehr liebe."

Ich sprach laut zu Red Stevens auf dem Bildschirm: „Ich danke Ihnen für Ihre Hilfe."

Ich hoffte, dass er irgendwie wissen würde, dass ich mein Bestes für seine ganze Familie gab.

***

Genau um 14.00 Uhr hörte ich ein kurzes Klopfen an meiner Tür. Sie wurde geöffnet, und Scott, mein Gerichtsschreiber, steckte seinen Kopf herein: „Euer Ehren, sie sitzen bereits alle seit einer halben Stunde wieder im Gerichtssaal und warten. Das habe ich noch nie zuvor gesehen."

Zurück im Gerichtssaal bereitete ich mich darauf vor, das Urteil zu sprechen. Es würde das berühmteste Urteil meines Lebens werden. Ich klopfte mit dem Hammer, aber das war völlig unnötig, denn das Gericht befand sich in absoluter Ruhe, und jedes Augenpaar war auf mich gerichtet.

„Das Gericht ist der Ansicht, dass Jason Stevens seinen Großvater zu dessen Lebzeit nicht geliebt hat. Erst nach seinem Tod gelang es Red Stevens, seinem Enkel das *Geschenk der Liebe* zu vermitteln und es so möglich zu machen, dass Jason für seinen Großvater Liebe empfand. Obwohl diese Art sehr ungewöhnlich und wahrlich nicht erstrebenswert ist, erfüllt es sowohl die Worte als auch die Absicht des letzten Willens und des Testaments von Howard ‚Red' Stevens."

An diesem Punkt musste ich mit meinem Gerichtshammer streng für Ordnung sorgen. Protestrufe und Ärger waren vonseiten der Familie Stevens zu hören. Meine Gerichtsdiener Jim und Paul stellten sich mahnend vor die Menge, und ich war dankbar für ihre Anwesenheit.

Ich richtete meinen strengen Blick auf alle Personen im Gerichtssaal und sprach: „Ich möchte noch einmal deutlich machen, dass hier im Saal absolute Ordnung herrscht. Sonst werde ich durch diese Herren den Saal räumen lassen, und einige werden die Möglichkeit haben, die Gastfreundschaft zu erfahren, die man erlebt, wenn man in Gewahrsam genommen wird."

Ich ließ das Gesagte auf alle wirken und schloss mit den Worten: „Das Gericht ist vertagt, und die Verhandlung wird in 30 Tagen fortgesetzt. In dieser Zeit wird Jason Stevens die Gelegenheit haben zu beweisen, dass er die Fähigkeit und Begabung besitzt, das *Geschenk der Liebe*, das er von Howard ‚Red' Stevens durch das *ultimative Geschenk* erhalten hat, weiterzugeben."

Obwohl der heutige Tag im Gericht zu Ende war, war dieser Prozess noch lange nicht entschieden.

Kapitel XIV

Das ultimative Leben

Ein gut gelebtes Leben ist das ultimative Geschenk.

Ich hätte es nicht für möglich gehalten, aber das Medieninteresse wurde noch größer, die Anspannung und Sorge wuchs von Tag zu Tag, und es war schwer für mich und alle anderen im Gerichtsgebäude, sich auf irgendetwas anderes zu konzentrieren.

Schließlich war der letzte Tag gekommen. Ob gut oder schlecht, heute würde alles zu Ende sein. Ich suchte mit Herz und Verstand immer noch nach dem Mittelweg oder einer Möglichkeit, um eine von Richter Eldridges berühmten Entscheidungen herbeizuführen, bei der beide Seiten gewannen.

Ich mahnte mit meinem Hammer zur Ordnung, und dann geschah es. Die Legende Theodore J. Hamilton erhob sich und signalisierte: „Euer Ehren, wenn es dem Gericht gefällt, habe ich hier einen schriftlichen Antrag, den ich Ihnen präsentieren möchte. Dieser hat direkten Einfluss auf die Verhandlung."

Hamilton kam auf mich zu und hielt das Stück Papier in die Höhe. L. Myron Dumbly sprang sofort auf die Füße und rief: „Einspruch, Euer Ehren. Es ist nicht gestattet, einen Antrag einzureichen oder dem Gericht zu präsentieren, ohne dass dieser vom Kläger oder von meinen Klienten eingesehen wurde."

Hamilton stoppte mitten auf seinem Weg, ließ das Papier in seiner Hand sinken und sagte: „Euer Ehren, ich bitte das Gericht um Nachsicht. Ich würde meinen Ruf als Jurist und Anwalt dafür aufs Spiel setzen. Wenn Euer Ehren sich das kurze Dokument ansehen, glaube ich, dass alles klarer wird."

Dumbly wiederholte: „Einspruch."

Als Hamilton zu sprechen begann, erhob ich meine Hand und mahnte beide zur Ruhe.

„Herr Dumbly, ich werde mir den Antrag ansehen, auch wenn er auf diese Art und Weise vorgebracht wird. Ich gebe Herrn Hamilton den größtmöglichen Handlungsspielraum, begründet in seiner Erfahrung und seinem Ruf vor diesem Gericht."

Dumbly schlug mit der Hand frustriert auf den Tisch und ließ sich resignierend auf seinen Platz fallen.

Dann zeigte ich mit dem Ende meines Hammers auf den einzigartigen Theodore J. Hamilton und fuhr fort: „Aber Verteidiger, seien Sie gewarnt! Wenn Sie dieses Gericht auf Abwege führen, werde ich alle mir bekannten rechtlichen Möglichkeiten ausschöpfen."

Hamilton nickte, nahm die Bedingungen in Kauf, kam auf mich zu und gab mir den Zettel. Ich ging den Text einmal durch, las ihn ein zweites Mal und schaute ihn ein drittes Mal an, um sicherzugehen, dass mich meine Augen nicht täuschten.

Ich nickte Hamilton zu und sagte: „Diesem Antrag wird wie vorgelegt stattgegeben. Sie können Herrn Stevens als Zeugen aufrufen."

Dumbly sprang auf, kippte dabei einen Krug Wasser um und fiel fast über den Tisch. Er breitete seine Arme aus und flehte:

„Euer Ehren, dieser Antrag wurde sowohl vorgebracht als auch stattgegeben, ohne dass meine Klienten das Recht hatten, diesen einzusehen."

Ich nickte verständnisvoll und bemerkte: „Herr Dumbly, ich habe Verständnis für Ihre Position und bitte Sie und Ihre Klienten darum, noch einige Minuten nachsichtig mit dem Gericht zu sein."

Jason Stevens nahm auf der Zeugenbank Platz, und Hamilton ging fragend auf ihn zu: „Jason, würden Sie bitte dem Gericht zeigen, wie Sie das *Geschenk der Liebe*, so wie es Ihnen von Ihrem Großvater, Red Stevens, überreicht wurde, zum Ausdruck bringen?"

Jason sagte: „Ich habe nicht gelernt, meinen Großvater oder irgendein anderes Familienmitglied zu lieben, bis ich durch das *ultimative Geschenk* das *Geschenk der Liebe* erhalten habe. Liebe gibt und empfängt Vergebung, deshalb möchte ich an diesem Punkt jedes einzelne Familienmitglied bitten, mir die vielen Jahre, in denen ich keinen Respekt und noch viel weniger Liebe zeigte, zu verzeihen."

Dumbly wetterte: „Euer Ehren, das ist schön und gut, aber …"

Ich klopfte mit dem Hammer und erhob meine andere Hand, um Dumbly zur Ruhe zu mahnen.

„Euer Einspruch ist abgelehnt", erklärte ich und sah zurück zu Jason, damit er fortfahren konnte.

„Ich möchte um Vergebung bitten, und zusätzlich möchte ich den Richter fragen, ob ich auf kleine Weise das *Geschenk der Liebe* meiner Familie zum Ausdruck bringen darf."

Jason sah zu mir auf und fragte: „Kann ich es ihnen erzählen?"

Ich nickte, und Jason Stevens erzählte voller Hoffnung:

„Ich habe Herrn Hamilton gebeten, ein Dokument zu verfassen und dieses dem Richter Davis vorzulegen, damit meine Familie – sollte der Richter mir zugunsten urteilen – nicht alles verlieren würde, was sie geerbt hat."

Zahlreiche Fragen und Verunsicherung waren im Gerichtssaal zu vernehmen. Ich mahnte mit meinem Gerichtshammer zur Ordnung und nickte Hamilton zu.

„Jason, um die Sache zu verdeutlichen. Sie wollen, dass wir Folgendes verstehen: Sie bitten Ihre Familie um Vergebung, und Sie geben ihr ihr gesamtes Erbe zurück, egal wie dieser Prozess ausgeht?"

Jason blickte jedes anwesende Familienmitglied an, als er erklärte: „Ja. Diese Menschen sind meine Familie, und am Ende dieses Tages – egal wie der Prozess ausgehen mag – werden sie immer noch meine Familie sein. Ich möchte sie wissen lassen, dass ich sie liebe, und ich möchte, dass sie das Erbe haben, das ihnen mein Großvater hinterlassen hat."

Im Erstaunen waren alle sprachlos. Schließlich wandte sich Jason an mich:

„Euer Ehren, kann ich Sie etwas fragen?"

Ich lächelte „Nachdem Sie ein ganzes Jahr Fragen beantworten mussten, denke ich, dass Sie eine Frage stellen dürfen."

Jason fragte: „Ist es wahr, dass Richter auch Vermählungen durchführen dürfen? Ich meine damit – dürfen Sie eine Trauungen durchführen?"

Ich lachte und antwortete: „Mein Sohn, ich habe wahrscheinlich vor Ihrer Geburt zum letzten Mal eine Trauung durchgeführt, aber das sollte dem nicht im Wege stehen."

Jason verkündete: „Also, wenn Alexia nichts dagegen hat, dann würde ich Sie gerne bitten, dies so schnell wie möglich zu tun."

Alexia erhob sich, nickte eifrig mit dem Kopf und sagte strahlend: „Ja. Ja. Ja."

Die Anwesenden applaudierten. Ich ließ das freudige Klatschen abklingen, klopfte dann mit dem Hammer und sagte: „Wir werden uns bald der bevorstehenden Hochzeit zuwenden, aber zuerst habe ich noch ein Urteil zu sprechen.

Im Namen des Gesetzes ergeht folgendes Urteil: Nachdem alle einzelnen Aspekte des *ultimativen Geschenks*, wie im letzten Willen und Testament von Howard ‚Red' Stevens ausgeführt, angehört wurden, kommt das Gericht zu folgendem Ergebnis: Jason Stevens ist tatsächlich rechtmäßiger Erbe des Vermögens seines Großvaters und wird von diesem Gericht berechtigt, den gesamten Nachlass seines Großvaters zu verwalten.

Seinem vorher eingereichten Antrag wird stattgegeben, sodass die Familie Stevens alle zugesprochenen Erbstücke behält.

Jason Stevens, Sie haben die Kontrolle über die Milliarden Dollar aus dem Red-Stevens-Fonds für wohltätige Zwecke. Das Gericht hofft, dass Sie diese Aufgabe sorgfältig wahrnehmen – so als ob Ihr Großvater noch hier wäre."

Ich lächelte Jason an und schloss: „Mein Sohn, nachdem ich nun mehr als ein Jahr mit Ihnen in diesem Gerichtssaal verbracht habe, glaube ich nicht, dass es eine Person gibt, die besser dafür geeignet ist als Sie."

Und dieses Ende war gerade erst der Anfang.

Nur wenige Tage später genoss ich einen wundervollen Sonnenaufgang im Howard ‚Red' Stevens Stadtpark. Ich konnte nicht glauben, dass sich zu dieser Stunde so viele Menschen versammelt hatten. Alle alleinerziehenden Mütter waren anwesend, und es kamen gerade zwei Busse voller Schüler der Blindenschule an. Eine große Anzahl von Rollstühlen und gehbehinderten Menschen zeugte davon, dass auch viele aus dem Seniorenheim da waren. Die Stadtkinder der Samstagsschule standen gemeinsam mit vielen weiteren Freunden und Gästen ganz vorne. Ich erkannte auch die gesamte Familie Stevens, herausgeputzt für diesen besonderen Anlass. Natürlich waren auch Theodore J. Hamilton, Margarete Hastings und Jeffrey Watkins anwesend. Und zu meinem Erstaunen standen dort auch alle Partner und Mitarbeiter der Kanzlei Dumbly, Cheetham und Leech.

Obwohl man sich sehr bemüht hatte, das Medienspektakel möglichst klein zu halten, hatten es doch einige Reporter unter die Zuschauer geschafft. Und vor mir standen, freudig und hoffnungsvoll wie der Sonnenaufgang, Jason und Alexia.

Nach meiner Begrüßung und ein paar Einleitungsworten fragte ich: „Jason, nehmen Sie die hier anwesende Alexia zu Ihrer angetrauten Ehefrau?"

„Ja, ich will", verkündete Jason.

„Und Alexia", wandte ich mich an sie, „nehmen Sie Jason zu Ihrem angetrauten Ehemann?"

Sie sah liebevoll zu ihm auf und versprach: „Ja, ich will."

Ich schloss mit den Worten: „Hiermit erkläre ich Euch zu Mann und Frau. Sie dürfen die Braut jetzt küssen! … Und bitte nehmen Sie meine Wünsche entgegen – führt gemeinsam ein gesundes, glückliches und *ultimatives Leben*."

ÜBER DEN AUTOR

Jim Stovall ist einer der begehrtesten Motivations-Sprecher der Welt. Trotz nachlassender Sehkraft und folgender Blindheit war Jim Olympia-Teilnehmer als Gewichtheber und wurde ein erfolgreicher Investment-Broker und Unternehmensgründer.

Er ist Gründer und Präsident des „Narrative Television Network" (NTN), dass Filme und Fernsehsendungen für die 13 Millionen Blinden und Menschen mit eingeschränkter Sehkraft Amerikas und deren Familien produziert. Obwohl NTN ursprünglich nur für blinde Menschen gedacht war, sind mittlerweile mehr als 60% der Zuschauer ganz normale Menschen ohne Sehminderung, nur weil sie das Programm lieben. Das Programm von NTN ist – kostenlos, 24 Stunden am Tag – verfügbar über Internet unter www.NarrativeTV.com.

Jim Stovall moderiert die Talkshow „NTN Showcase". Unter seinen Talkshow-Gästen waren Katharine Hepburn, Jack Lemmon, Carol Channing, Steve Allen, Eddie Alberts und viele andere. Das NTN wurde u.a. mit dem EMMY-Award und vielen anderen internationalen Preisen ausgezeichnet. Das NTN ist bei mehr als 1200 TV-Kabelstationen weltweit vertreten und erreicht derzeit mehr als 35 Millionen Haushalte in Amerika und elf weiteren Nationen.

Jim Stovall wurde 1994 – so wie Walt Disney, Orson Welles und 4 US-Präsidenten – von der U.S. Junior Chamber of Commerce als einer der zehn außergewöhnlichsten jungen Menschen Amerikas ausgewählt. Er trat auf bei Good Morning Amerika und CNN und in Magazinen wie Reader's Digest, TV Guide und Time Magazines wurde über ihn berichtet.

Jim ist Autor mehrerer Bücher, u.a. von „You Don't Have To Be Blind To See", „Success Secrets of Super Achievers", „The Way I See The World" und des Vorläufers dieses Buches: „Das Ultimative Geschenk". „Das Ultimative Geschenk" wurde weltweit mehr als vier Millionen mal verkauft und in mehr als ein Dutzend Sprachen übersetzt. Außerdem wurde dieses Buch mit Schauspielern wie James Garner, Lee Meriwether, Brian Dennehy und Abigail Breslin verfilmt.

Das „Presidents Committee on Equal Opportunity" hat Jim Stovall 1997 zum Unternehmer des Jahres gewählt. Im Juni 2000 erhielt Jim Stovall den „International Humanitarian Award". Diese Auszeichnung verbindet ihn mit bemerkenswerten Persönlichkeiten wie Präsident Jimmy Carter, Nancy Reagan und Mutter Teresa.

WEITERE BÜCHER VON
JIM STOVALL

Das Ultimative Geschenk

€ 15,95
ISBN 978-3-941581-00-5

Ultimative Produktivität

€ 17,90
ISBN 978-3-941986-00-8